コージー シチュー クックブ ック

あらゆる機会にぴったりの 100 以上のおいしいレシピで、心地よく満

足のいくシチューの世界を発見しましょう

浩 斉藤

目次

魚介類のシチュー **231**

ゲームシチュー 268

導入

『コージー シチュー クックブック』は、ホッとする料理を愛する人にとって必需品です。寒い冬の日に、温かくてボリュームたっぷりのシチューほど、心地よく満足感を与えてくれるものはありません。このクックブックには、古典的なビーフシチューからベジタリアンのオプション、シーフードシチューなど、あらゆる種類のシチューの美味しくてわかりやすいレシピが満載です。

シチューの最も優れた点の 1 つは、信じられないほど多用途であることです。さまざまな食材を使って、どんな機会にもぴったりな、美味しくて栄養価の高い食事を作ることができます。家族の夕食や特別な日のために料理をしている場合でも、寒い日に体を温めるためにおいしいものを作りたい場合でも、このクックブックには必要なものがすべて揃っています。

このクックブックには、牛肉、鶏肉、子羊肉、シーフード、野菜を使ったシチューのレシピが掲載されています。各レシピは最大限の風味と栄養を提供するために注意深く作られており、キッチンの初心者でも指示に従うのは簡単です。

しかし、この料理本は素晴らしいレシピだけを紹介しているわけではありません。いつでも完璧なシチューを作るためのヒントやコツも満載です。最高の食材の選び方、調理の準備方法、シチューの風味を最大限に高めるための味付けの方法を学びます。

あなたが経験豊富な家庭料理人であっても、キッチンでの料理を始めたばかりの人であっても、The Cozy Stew Cookbook はあなたのコレクションに加えるのに最適です。おいしいレシピ、役立つヒント、美しい写真が満載のこの料理本は、あなたのキッチンのお気に入りになること間違いなしです。

中には、クラシックなビーフシチュー、クリーミーなチキンと野菜のシチュー、スパイシーなラム肉とレンズ豆のシチュー、シーフードチャウダーなど、食欲をそそるレシピが掲載されています。では、なぜ待つのでしょうか？今すぐ『コージー シチュー クックブック』を入手して、おいしいシチューの心地よさと温かさを楽しみ始めましょう。

ポークシチュー

1. ブランズウィックシチュー

分量: 8〜10 人分

材料

チキンスープ 6 カップ

スロークッカーBBQ プルドポーク 2 カップ

調理済みの鶏肉のみじん切り 2 カップ

冷凍または乾燥ライマメ 2 カップ

皮をむき、さいの目切りにした中型のラセットポテト 3 個

トマトジュースに角切りトマト 1 缶（14 オンス）

大きな赤玉ねぎ 1 個（みじん切り）

冷凍エンドウ豆とニンジン 1 と 1/2 カップ

冷凍オクラ 1 と 1/2 カップ

冷凍トウモロコシ 1 カップ

ヒッコリーBBQ ソース 1 カップ

ニンニク 3 片（みじん切り）

ウスターソース 大さじ 2

調味料 小さじ 2 と 1/2

挽いた黒コショウ 小さじ 1

粉末クミン 小さじ 1/2

説明書

すべての材料を 6 クォートのスロークッカーに加えます。すべてがよく混ざ

るまでかき混ぜます。スロークッカーに蓋をし、弱火にします。

5 時間調理してからお召し上がりください。残り物は密閉容器に入れ

て冷蔵庫で最大 5 日間保存できます。

2. 豚肉と豆のスパイシーシチュー

材料

2 ポンドの骨なし豚肩肉を 1 インチの立方体に切ります

インゲン豆 2 缶（水気を切り、洗った）

玉ねぎ 1 個（みじん切り）

ニンニク 4 片（みじん切り）

種を取り、みじん切りにしたハラペーニョ 2 個

クミン 小さじ 1

チリパウダー 小さじ 1

パプリカ 小さじ 1/2

チキンスープ 2 カップ

刻んだ新鮮なコリアンダー 1/4 カップ

塩とコショウの味

説明書

大きな鍋またはダッチオーブンに少量の油を中火で熱します。豚肉を加え、両面に焼き色がつくまで焼きます。

タマネギ、ニンニク、ハラペーニョペッパーを鍋に加え、2〜3 分間、または タマネギが柔らかく半透明になるまで調理します。

クミン、チリパウダー、パプリカを鍋に加え、混ぜ合わせます。

鍋にチキンスープとインゲン豆を加えて沸騰させます。

火を弱め、1〜2 時間、または豚肉が柔らかくなるまで煮ます。

刻んだコリアンダーを加えて混ぜ、塩とコショウで味を調えます。

3. 豚肉とグリーンチリのシチュー

材料

2 ポンドの豚肩肉を 1 インチの立方体に切ります

刻んだグリーンチリ 2 缶

玉ねぎ 1 個（みじん切り）

ニンニク 4 片（みじん切り）

チキンスープ 2 カップ

クミン 小さじ 1

オレガノ 小さじ 1

スモークパプリカ 小さじ 1/2

塩とコショウの味

説明書

大きな鍋またはダッチオーブンに少量の油を中火で熱します。豚肉を加え、両面に焼き色がつくまで焼きます。

玉ねぎ、ニンニク、青唐辛子を鍋に加え、2〜3 分間、または玉ねぎが柔らかく半透明になるまで煮ます。

クミン、オレガノ、スモークパプリカを鍋に加え、かき混ぜます。

鍋に鶏がらスープを加えて沸騰させます。

火を弱め、1〜2 時間、または豚肉が柔らかくなるまで煮ます。

塩とコショウで味を調えます。

4. 豚肉とリンゴのシチュー

材料

2 ポンドの骨なし豚肩肉を 1 インチの立方体に切ります

グラニースミスリンゴ 2 個（皮をむき、みじん切りにする）

玉ねぎ 1 個（みじん切り）

ニンニク 4 片（みじん切り）

チキンスープ 2 カップ

タイム 小さじ 1

ローズマリー 小さじ 1

塩とコショウの味

説明書

大きな鍋またはダッチオーブンに少量の油を中火で熱します。豚肉を加え、両面に焼き色がつくまで焼きます。

タマネギ、ニンニク、リンゴを鍋に加え、2〜3 分間、またはタマネギが柔らかく半透明になるまで調理します。

タイム、ローズマリー、チキンスープを鍋に加え、沸騰させます。

火を弱め、1〜2 時間、または豚肉が柔らかくなるまで煮ます。

塩とコショウで味を調えます。

5. 豚肉とホミニーのシチュー

材料

2 ポンドの豚肩肉を 1 インチの立方体に切ります

ホミニー缶 2 缶（水気を切り、すすいだ）

玉ねぎ 1 個（みじん切り）

ニンニク 4 片（みじん切り）

チキンスープ 2 カップ

クミン 小さじ 1

チリパウダー 小さじ 1

塩とコショウの味

説明書

大きな鍋またはダッチオーブンに少量の油を中火で熱します。豚肉を加え、両面に焼き色がつくまで焼きます。

玉ねぎとにんにくを鍋に加え、2〜3 分間、または玉ねぎが柔らかく半透明になるまで煮ます。

鍋にクミンとチリパウダーを加えて混ぜ合わせます。

鍋にチキンスープとホミニーを加えて沸騰させます。

火を弱め、1〜2 時間、または豚肉が柔らかくなるまで煮ます。

塩とコショウで味を調えます。

6. 豚肉とさつまいものシチュー

材料

2 ポンドの骨なし豚肩肉を 1 インチの立方体に切ります

皮をむき、みじん切りにした大きめのサツマイモ 2 個

玉ねぎ 1 個（みじん切り）

ニンニク 4 片（みじん切り）

チキンスープ 2 カップ

シナモン 小さじ 1

ナツメグ 小さじ 1/2

塩とコショウの味

説明書

大きな鍋またはダッチオーブンに少量の油を中火で熱します。豚肉を加え、両面に焼き色がつくまで焼きます。

玉ねぎ、にんにく、さつまいもを鍋に加え、2〜3 分間、または玉ねぎが柔らかく半透明になるまで煮ます。

シナモン、ナツメグ、チキンスープを鍋に加え、沸騰させます。

火を弱め、1～2 時間、または豚肉が柔らかくなるまで煮ます。

塩とコショウで味を調えます。

7. 豚肉と黒豆のシチュー

材料

2 ポンドの骨なし豚肩肉を 1 インチの立方体に切ります

黒豆 2 缶（水気を切り、洗った）

玉ねぎ 1 個（みじん切り）

ニンニク 4 片（みじん切り）

チキンスープ 2 カップ

クミン 小さじ 1

チリパウダー 小さじ 1

塩とコショウの味

説明書

大きな鍋またはダッチオーブンに少量の油を中火で熱します。豚肉を加え、両面に焼き色がつくまで焼きます。

玉ねぎとにんにくを鍋に加え、2〜3 分間、または玉ねぎが柔らかく半透明になるまで煮ます。

鍋にクミンとチリパウダーを加えて混ぜ合わせます。

鍋に鶏ガラスープと黒豆を加えて沸騰させます。

火を弱め、1〜2時間、または豚肉が柔らかくなるまで煮ます。

塩とコショウで味を調えます。

8. 豚肉と野菜のシチュー

材料

2 ポンドの骨なし豚肩肉を 1 インチの立方体に切ります

刻んだ混合野菜 2 カップ

玉ねぎ 1 個（みじん切り）

ニンニク 4 片（みじん切り）

チキンスープ 2 カップ

タイム 小さじ 1

ローズマリー 小さじ 1

塩とコショウの味

説明書

大きな鍋またはダッチオーブンに少量の油を中火で熱します。豚肉を加え、両面に焼き色がつくまで焼きます。

玉ねぎ、にんにく、混合野菜を鍋に加え、2〜3 分間、または玉ねぎが柔らかく半透明になるまで煮ます。

タイム、ローズマリー、チキンスープを鍋に加え、沸騰させます。

火を弱め、1〜2 時間、または豚肉が柔らかくなり、野菜に火が通るまで煮ます。

5. 塩とコショウで味を調えます。

9. 豚肉とアップルサイダーのシチュー

材料

2 ポンドの骨なし豚肩肉を 1 インチの立方体に切ります

アップルサイダー 2 カップ

皮をむいてみじん切りにした大きなリンゴ 2 個

玉ねぎ 1 個（みじん切り）

ニンニク 4 片（みじん切り）

チキンスープ 2 カップ

タイム 小さじ 1

塩とコショウの味

説明書

大きな鍋またはダッチオーブンに少量の油を中火で熱します。豚肉を加え、両面に焼き色がつくまで焼きます。

タマネギ、ニンニク、リンゴを鍋に加え、2〜3 分間、またはタマネギが柔らかく半透明になるまで調理します。

タイム、アップルサイダー、チキンスープを鍋に加え、沸騰させます。

火を弱め、1〜2時間、または豚肉が柔らかくなるまで煮ます。

塩とコショウで味を調えます。

10.　スパイシーポークシチュー

材料

2 ポンドの骨なし豚肩肉を 1 インチの立方体に切ります

角切りトマト 1 缶

玉ねぎ 1 個（みじん切り）

ニンニク 4 片（みじん切り）

チキンスープ 2 カップ

トマトペースト 大さじ 2

チリパウダー 大さじ 1

クミン 小さじ 1

塩とコショウの味

説明書

大きな鍋またはダッチオーブンに少量の油を中火で熱します。豚肉を加え、両面に焼き色がつくまで焼きます。

玉ねぎとにんにくを鍋に加え、2〜3 分間、または玉ねぎが柔らかく半透明になるまで煮ます。

鍋にチリパウダーとクミンを加えて混ぜ合わせます。

角切りトマト、トマトペースト、チキンスープを鍋に加え、沸騰させます。

火を弱め、1〜2 時間、または豚肉が柔らかくなるまで煮ます。

塩とコショウで味を調えます。

11. 豚肉とレンズ豆のシチュー

材料

2 ポンドの骨なし豚肩肉を 1 インチの立方体に切ります

乾燥レンズ豆 2 カップ（洗って水気を切る）

玉ねぎ 1 個（みじん切り）

ニンニク 4 片（みじん切り）

チキンスープ 2 カップ

タイム 小さじ 1

スモークパプリカ 小さじ 1

塩とコショウの味

説明書

大きな鍋またはダッチオーブンに少量の油を中火で熱します。豚肉を加え、両面に焼き色がつくまで焼きます。

玉ねぎとにんにくを鍋に加え、2〜3 分間、または玉ねぎが柔らかく半透明になるまで煮ます。

タイム、スモークパプリカ、レンズ豆、チキンスープを鍋に加え、沸騰させます。

火を弱め、1〜2 時間、または豚肉が柔らかくなり、レンズ豆が火が通るまで煮ます。

塩とコショウで味を調えます。

牛肉と子羊のシチュー

12. 牛テールシチュー

分量: 6〜8 人分

材料

中力粉 1/2 カップ

調味料 小さじ 3 と 1/2

パプリカ 小さじ 2

挽いた黒コショウ 小さじ 1/2

脂肪を取り除いた 4 ポンドのオックステール

植物油 1/4 カップ

大きめの黄玉ねぎ 1 個（みじん切り）

角切りトマト 1 缶（14.5 オンス）

ニンニク 4 片

新鮮なタイム 3 本

月桂樹の葉 3 枚

トマトペースト 1 缶（6 オンス）

ビーフブロス 1 クォート (32 オンス)

ベビーキャロット 1 ポンド

ベビーレッドポテト 1.5 ポンド（みじん切り）

説明書

大きなジップロックフリーザーバッグを手に取り、小麦粉、調味料塩、パプリカ、黒コショウを加えます。袋を振って、すべてがしっかりと含まれていることを確認します。オックステールを一度に 1 つずつ加え、袋を振ってコーティングします。オックステールに衣を付けたら、皿または天板に置きます。

中火にかけた大きな鍋に植物油を注ぎます。油が熱くなったら、オックステールを加え始めます。オックステールの全表面に片面約 3 分ずつ焼き色を付け、フライパンから取り出して 6 クォートのスロークッカーに入れます。

玉ねぎを鍋に入れ、柔らかくなるまで炒めます。オックステール、トマト、ニンニク、タイム、月桂樹の葉をスロークッカーに加えます。

大きなボウルにトマトペーストとビーフブロスを入れ、よく混ざるまで混ぜます。この混合物をスロークッカーに注ぎ、スロークッカーを弱火に設定し、6時間調理します。

にんじんとジャガイモを加えてかき混ぜ、さらに 2 時間煮ます。その後、お召し上がりください。

13. ガイアナ産ペッパーポットシチュー

出来上がり量: 6 人分

材料

- 2 ポンドの牛の足を細かく切ります

- コーシャーソルト 小さじ 2（3 分割）

- にんにく 中 6 片（細かくみじん切り）

- 新鮮なウィリウィリペッパー 4 個

- チキンブイヨン 小さじ 2 と 1/2（4 等分）

- ジョイントが分離された 1 ポンドのオックステール

- 1 ポンドの骨付き牛肩肉を細かく切ります

- キャッサリーブ 1 1/4 カップ（4 分割）

- 新鮮なタイム 21 本、三分割

- クローブ丸ごと 24 個、三分割

- シナモンスティック 3 本、3 分割

- ライトブラウンシュガー 大さじ 2

- 皮をむいてすりおろした新生姜 2 つまみ

● ナツメグ 1/2 個（すりおろしたもの）

● オレンジの皮 1 片

説明書

a) 牛足に塩とチキンブイヨンを加えます。

b) 牛足、キャサリープ、タイム、クローブ丸ごと、シナモンスティック、水 4 カップを圧力鍋に入れます。1 時間ほど圧力調理します。

c) 調理液と牛足をダッチオーブンに注ぎます。脇に置きます。

d) オックステールにチキンブイヨンと塩で味付けします。

e) 同じ圧力鍋にオックステール、キャッサリープ、タイム、クローブ丸ごと、シナモンスティック、水 2 カップを加えます。30 分間圧力調理します。

f) 調理したオックステールとその調理液を牛足と一緒に鍋に移します。

g) 塩と小さじ 1/2 を加えます。牛肩肉にチキンブイヨン。

h) 同じ圧力鍋に牛肩ロース、キャサリープ、タイム、クローブ丸ごと、シナモンスティック、水 3 カップを入れます。

i) 30 分間圧力調理します。

j) 調理した牛肩肉とその調理液を牛足とオックステールと一緒に鍋に移します。

k) みじん切りのニンニク、ウィリウィリペッパー、ブラウンシュガー、すりおろした生姜、ナツメグ、オレンジの皮、残りのキャッサリーブ 1/4 カップとチキンブイヨン小さじ 1 を鍋に加え、よくかき混ぜます。

l) 15 分間煮ます。

m) 火から下ろし、表面の脂を取り除きます。

n) パンと一緒にお召し上がりください。

14. プエルトリコ風ビーフシチュー

出来上がり量: 1 回分

材料

● 植物油 大さじ 3

● 1.5 ポンド 牛肉を煮込み、細かく切ります

● 新鮮なタイムの小枝 4 本

● にんじん 3 本（みじん切り）

● インゲン 1/2 ポンド（切り取って半分に切る）

● 月桂樹の葉 4 枚

● 玉ねぎ 1 個（みじん切り）

● にんにく 3 片（みじん切り）

● 新鮮なパセリのみじん切り 大さじ 1

● 中力粉 大さじ 2

● ビーフブロスの 14 1/2 オンス缶 2 本

● 辛口赤ワイン 2 カップ

● 4 ジャガイモを縦に 4 等分に切る

● 新鮮なパセリのみじん切り

説明書

a) 大きくて重い鍋に油を入れ、強火で加熱します。

b) 牛肉を数回に分けて焼きます。脇に置いておきましょう。

c) 玉ねぎとにんにくを加えて 5 分間炒めます。

d) 小麦粉、パセリ、タイム、月桂樹の葉を加えます。

e) 2 分間かき混ぜます。

f) ワインとスープを少しずつ加えます。

g) 混合物を沸騰させ、牛肉を鍋に戻します。

h) 火を中弱火に下げ、鍋に蓋をし、45 分間煮ます。

i) ジャガイモとニンジンを加えます。

j) 肉と野菜に火が通るまで、時々かき混ぜながら約 30 分間煮ます。

k) インゲンを加えて 10 分間、またはインゲンが調理されてソースが少し濃くなるまで煮ます。

l) パセリを添えてお召し上がりください。

15. 大根入りラム肉のスパイシーシチュー

材料

- 2 ポンドのラムシチュー肉を 2 インチの大きさに切ります

- エキストラバージンオリーブオイル　大さじ 3

- 皮をむいて潰したニンニク　5 片

- タイの唐辛子　2 本（スライス）

- 1/2 オンスの新鮮な生姜の根（スライス）

- 紹興酒またはシェリー酒　1/4 カップ

- 濃口醤油　大さじ 3

- 薄口醤油　大さじ 2

- 鶏がらスープ　1 カップ

- ブラウンシュガー　大さじ 1

- 粉末クミン　小さじ 2

- スターアニス　3 個

- 皮をむき、角切りにした大根　12 オンス

- コーンスターチ　大さじ 3

- 飾り用ネギのみじん切り

説明書

a) 大きめの鍋にラム肉を入れ、水を入れて 5 分ほど沸騰させます。排水してすすいできれいにします。脇に置いておきましょう。

b) 同じ鍋を洗って完全に乾燥させるか、大きなダッチオーブンを使用します。オリーブオイルを中火で約 2 分間加熱します。ニンニク、唐辛子、生姜を加えます。1 分間または香りが出るまで炒めます。

c) 子羊肉をダッチオーブンに加えます。頻繁にかき混ぜながら 5 分間調理します。

d) 紹興酒またはシェリー酒を加え、濃口醤油、薄口醤油、鶏がらスープ、黒砂糖、クミンを加えます。スターアニスを鍋に入れ、強火に切り替えます。蓋をして沸騰させます。火を弱め、1 時間半煮ます。

e) 調理が終了する 45 分前に、ラムシチューに大根を加え、ソースが絡むようにかき混ぜ、完了するまで煮続けます。

f) コーンスターチを 1/4 カップの冷水に溶かし、ラムシチューに混ぜます。シチューにとろみがついたら火を止めます。

g) ネギを飾り、ご飯またはマッシュポテトの上に盛り付けます。

16. スロークッカー上海風牛肉のボルシチ

材料

- オリーブオイル 大さじ 2

- 牛骨スープ 2 カップ（1 カートン）

- バター 大さじ 2

- トマトペースト 1 缶（6 オンス）

- 中力粉 1/4 カップ

- 角切りトマト缶 1 個（14.5 オンス）

- 中くらいの玉ねぎ 1 個（スライス）

- 月桂樹の葉 1 枚

- ビーフシチュー肉 1 ポンド

- 塩 小さじ 1

- セロリ 2 本（みじん切り）

- ブラウンシュガー 大さじ 2

- にんじん 1 カップ（みじん切り）

- 挽いた黒コショウ 小さじ 1/2

- 大きめのラセットポテト 1 個（角切り）

- 緑キャベツ 3 カップ（薄くスライス）

- ニンニク 4 片（みじん切り）

- 飾り用に刻んだフレッシュバジル

説明書

a) フライパンにバターとオリーブオイルを中火で溶かし、ルーを作ります。バターが完全に溶けたら、火を弱め、小麦粉を加えます。混合物が滑らかになるまで絶えずかき混ぜます。

b) 玉ねぎをルーに加えます。熱を中火〜強火に上げます。玉ねぎがしっかりコーティングされて香りが立つまでかき混ぜます。混合物をスロークッカーに移します。

c) キャベツ以外の材料をすべてスロークッカーに入れます。よくかき混ぜて蓋をし、弱火で 8 時間煮ます。

d) キャベツを加え、スロークッカーを高温設定に切り替えます。さらに 30 分間、またはキャベツが柔らかくなるまで煮ます。

e) 味を見て、必要に応じて塩または砂糖を追加します。皿に盛り、バジルを飾り、お好みのパンと一緒にお召し上がりください。

17. 子牛のシチュー ホワイトポレンタ添え

出来上がり量: 9 人分

材料

- 子牛の赤身のシチュー肉 2 ポンド

- オリーブオイル 大さじ 2

- にんにく 3 片（みじん切り）

- ニンジンのスライス（3/4 インチ） 2 カップ

- 冷凍パールオニオン 1 と 1/2 カップ

- 新鮮な平葉パセリのみじん切り 1/4 カップ

- 乾燥バジル 小さじ 1/2

- 塩 小さじ 1/4

- コショウ 小さじ 1/4

- 辛口赤ワイン 2 カップ

- クラッシュトマト缶詰 1 カップ

- 10 1/2 オンス 低ナトリウムチキンスープ、(1 缶)

- 月桂樹の葉 2 枚

- 半分に切った新鮮なキノコ 4 カップ

- コーンスターチ 小さじ 2

- 水 小さじ 1

- ホワイトポレンタ

- すりおろしたパルメザンチーズ 大さじ 3

- 平葉パセリ（お好みで）

- ポレンタ 1 と 1/2 カップ

- 塩 小さじ 3/4

- 水 5 カップ

- にんにく 1 片（みじん切り）

説明書

a) 子牛肉から脂肪を取り除きます。子牛肉を 1-1/2 インチの立方体に切ります。

b) 大きなダッチオーブンで油を中強火で加熱します。子牛肉とニンニクを加えます。5 分間、または子牛肉のピンク色が消えるまで調理します。にんじんと次の 9 つの材料を加えます。沸騰させます。

c) 蓋をして火を弱め、1 時間 15 分煮ます。

d) キノコを加え、蓋をせずに 45 分間、または子牛肉が柔らかくなるまで煮ます。

e) コーンスターチと水を混ぜます。シチューに加えます。常にかき混ぜながら、2 分間または少しとろみがつくまで調理します。月桂樹の葉は捨てます。

f) ホワイトポレンタをお玉で個々のパスタボウルに入れます。シチューをトッピングします。チーズをふりかけます。

白いポレンタの場合:

g) 大きな鍋にポレンタと塩を入れて混ぜます。水とニンニクを少しずつ加え、泡立て器で絶えずかき混ぜます。沸騰させます。熱を中弱に下げます。

h) 蓋をせず、頻繁にかき混ぜながら、とろみがつくまで 15 分間調理します。

18.　メキシカンビーフとサツマイモのスープ

材料

- 精製アボカドオイルまたはオリーブオイル　大さじ 1

- 1 ポンドの赤身のシチュービーフ

- コーシャーソルト　小さじ 1

- 玉ねぎのみじん切り　1 カップ

- ニンニクのみじん切り　小さじ 1

- みじん切りピーマン　1 カップ

- 皮をむいてみじん切りにしたサツマイモ　2 カップ

- チリパウダー　小さじ 1

- 乾燥オレガノ　小さじ 1

- 粉末クミン　小さじ 1

- 14 オンスの赤いサルサ

- チキンスープ　2 カップ

- ライムジュース　小さじ 2

- 刻んだコリアンダー　1/3 カップ

- コーシャーソルト（適量）

● 好みで挽いた黒コショウ

説明書

a) 大きな鋳鉄鍋を強火で加熱します。

b) 牛肉のシチューを加え、塩をふりかける。牛肉を茶色になるまで 5 分間かき混ぜます。穴あきスプーンを使って肉を取り出し、皿に移します。脇に置いておきましょう。

c) 玉ねぎ、にんにく、ピーマンを鍋に入れて中火にかけ、玉ねぎとにんにくの香りが立ち、ピーマンが柔らかくなるまで、または約 5 分間かき混ぜます。

d) サツマイモ、チリパウダー、オレガノ、クミン、スープ、サルサを加えます。十分に混ぜ合わせてください。沸騰させます。次に、蓋をして 30 分間、またはサツマイモがフォークで柔らかくなるまで煮ます。

e) ライムジュース、コリアンダー、塩、コショウを加えてかき混ぜます。弱火で約 4 分間加熱します。

f) 準備しておいた瓶（パイントまたはクォート）にブロススープを注ぎ、1インチの上部スペースを残します。

g) 2 つの部分からなる缶詰の蓋を指でしっかりと閉めます。

h) 予熱した圧力缶詰機で瓶を 40 分間処理します。

i) 処理時間が完了したら、火を止めて缶詰容器が自然に室温になるまで待ちます。

j) 冷めたら、瓶を缶詰容器から取り出し、シールを確認します。

19.　ビーフの赤ワイン煮込み

メイク数：6〜8

材料

● 5 ポンドの骨なしビーフショートリブまたはシチュービーフを 1.5 インチの立方体に切ります。

● コーシャソルトと挽きたての黒コショウ

● 中力粉 1/2 カップ

● タイム小房 1 個

● 乾燥月桂樹の葉 3 枚

● エクストラバージンオリーブオイル

● ニンニク 1 個、クローブに分け、皮をむき、薄くスライスします。

● ネギ 2 本（薄い半月切りにして皮をむく）

● セロリ 3 本を 1 インチのスライスに切ります。セロリの葉 1/4 カップ（飾り用に取っておく）

● 皮をむいたパールオニオン 2 カップ

● トマトペースト 1 缶（6 オンス）

● 赤ワイン 1 本 (750 ml) (カベルネ ソーヴィニヨン、ジンファンデル、シラーなど)

● 2 クォートのビーフストック、さらに必要に応じて追加

● 皮をむき、大きめの角切りにしたニンジン 1.5 ポンド

● 無塩バター 1/4 カップ (1/2 スティック)

● クレミニマッシュルーム 1 ポンド（大きい場合は切り落とし、4 等分）

● 赤ワインビネガー 大さじ 1

● クラシックポテトピューレ、サービング用 （オプション）

説明書

a) 牛肉とハーブを準備します。牛肉をペーパータオルで軽くたたいて水気を拭き取ります。塩大さじ 1 とコショウ小さじ 1/2 で四方を味付けします。小麦粉を大きなボウルに入れます。肉を加えて和える。肉を目の細かいザルに移し、余分な小麦粉を取り除きます。大きめのお皿に移します。タイムと月桂樹の葉を肉用麻ひもで結びます。

b) 牛肉を焼き色をつける。大きなダッチオーブンにオリーブオイル大さじ 1 を入れ、中火で熱くなるまで加熱します。数回に分けて作業し、必要に応じて油を追加し、牛肉を単一の均一な層に加えます。時々ひっくり返しながら、すべての面に焼き色がつくまで、1 バッチあたり 5〜8 分間調理します。鍋の中に茶色になった部分（フォンド）を残して、清潔な皿に移します。（フォンが黒く焦げている場合は、こすり落として捨て、ポットを洗い流して拭きます。）

c) 芳香剤を調理します。フォンを中火で熱くなるまで加熱します。（鍋が乾いているようであれば、オリーブオイル大さじ 1 を加えてください。）にんにくを加えます。ニンニクが軽く茶色になり香りが立つまで、時々かき混ぜながら 1〜2 分間調理します。ネギ、セロリ、パールオニオンを加え、塩、コショウで味を調えます。時々かき混ぜながら、軽く茶色になるまで 5〜6 分間調理します。トマトペーストを加え、頻繁にかき混ぜながら、ペーストが暗赤色になるまで 6〜7 分間煮ます。

d) ワインを減らします。ワインを加え、火を中火〜強火に上げます。ワインの量が 3 分の 2 になるまで 8〜9 分間、時々かき混ぜながら鍋の底にある茶色くなった部分をこそぎ取りながら煮ます。

e) 牛肉を煮込みます。だし汁を加え、塩、こしょうで味を調える。火を強火にして沸騰させます。牛肉を溜まった汁ごと鍋に戻します。ハーブバ

ンドルを追加します。弱火にして蓋をし、肉が柔らかくなるまで 2 時間 20 分〜2 時間 30 分煮ます。煮込みが乾燥しているように見える場合は、一度に 1/2 カップずつストックを追加します。

f) ニンジンを加えます。必要に応じて、余分な脂肪を取り除きます。にんじんを加え、火を中火に上げます。時々かき混ぜながら、にんじんが柔らかくなり、煮込みにとろみがつくまで、蓋をせずに 40〜45 分間煮ます。塩とコショウで味付けします。

g) キノコを調理します。ブレゼを煮ている間に、大きなソテーパンを中火にかけ、バターを溶かします。キノコを加えます。数回かき混ぜながら、きつね色になるまで 7〜8 分間調理します。塩とコショウで味付けします。

h) 煮込みを完成させます。キノコをブレゼに入れてかき混ぜます。少しとろみがつくまで 15〜20 分間煮ます。火から下ろします。ハーブの束を捨て、酢を加えてかき混ぜます。塩とコショウで味付けします。取り皿または個々のボウルに移します。セロリの葉を飾り、ジャガイモのピューレを添えます。

20. 牛肉と野菜のスープ

材料

- トマトソース 16 オンス
- 赤唐辛子 1 個
- 塩 小さじ 1
- キャベツ 1 個（みじん切り）
- 15 オンスのイングリッシュエンドウ豆
- 牛肉のシチュー 1 ポンド（角切り）
- コショウ 小さじ 1
- 水 7 カップ
- 牛骨スープ 2 個
- ジャガイモ 4 個（角切り）
- にんじん 4 本（みじん切り）
- 17 オンスの全粒コーン

説明書

a) クロックポットで材料を混ぜ合わせます。

b) 弱火で 3 時間調理します。

21. だし鍋のだし汁ジューモウ

材料

- 1 カップに蒸留白酢大さじ 1 を加えて割る
- 1 ポンドの牛すね肉を角切りにし、酢で洗います。
- カブ 2 個（細かく刻む）
- 緑色のスコッチボンネットまたはハバネロチリ 1 個
- 1 ポンドの肩肉シチュー、角切りにして酢ですすぐ
- エピス調味料ベース 1 カップ
- カラバザかぼちゃ 中 1 個（皮をむき、角切りにする）
- ラセットポテト 3 個（細かく刻む）
- 新鮮なライムジュース 大さじ 3
- 味付け塩 大さじ 1
- 牛肉または野菜のスープ 15 カップ（分割）
- 牛骨 1 ポンド
- にんじん 3 本（スライス）
- 緑のキャベツ 1/2 個（非常に薄くスライス）
- 玉ねぎ 1 個（スライス）
- セロリの茎 1 本（粗く刻む）
- ネギ 1 本、白と薄緑色の部分のみ、みじん切りにする
- タイムの小枝 1 本
- オリーブオイル 大さじ 2
- リガトーニ 1 と 1/2 カップ
- クローブ丸ごと 6 個
- ガーリックパウダー 小さじ 1
- オニオンパウダー 小さじ 1
- コーシャーソルト 小さじ 2 と 1/2、その他

- 挽きたての黒コショウ　小さじ 1/2、その他
- カイエンペッパー　ひとつまみ、その他
- パセリの小枝　1 本
- 無塩バター　大さじ 1

奉仕する

- パリパリのパン

説明書

a) ライム果汁、味付け塩、エピスシーズニングベースを混ぜ合わせます。

b) 牛肉を加え、少なくとも 30 分間または一晩マリネします。

c) 非常にスープの鍋で、5 カップのスープを中火で加熱します。

d) マリネした牛肉と骨を加え、鍋に蓋をし、約 40 分間煮ます。

e) 牛肉の上にかぼちゃを鍋に入れ、蓋をし、20〜25 分間、またはフォークで柔らかくなるまで調理します。

f) スカッシュをブレンダーに移します。スープ 4 カップを加え、滑らかになるまでピューレにする。

g) 鍋に戻して煮込みます。

h) 残りの 6 カップのスープ、ジャガイモ、ニンジン、キャベツ、タマネギ、セロリ、ネギ、カブ、チリ、リガトーニ、クローブ、ガーリックパウダー、オニオンパウダー、塩、コショウ、カイエンペッパー少々、残りの野菜を加えます。

i) 30 分間煮ます。

j) 油、バター、そして最後の大さじ 1 杯の酢を加えます。

k) 中弱火でさらに 15〜20 分間、または牛肉が非常に柔らかくなるまで煮込みます。

l) ボウルにスープを入れ、パンを添えて盛り付けます。

22. タジン

材料

- オリーブオイル少々
- バター少々
- ラム肉（骨なし）　500g
- 玉ねぎ 1 個
- 新鮮な根生姜 1 片
- シナモン 1 個（5cm 程度）
- サフランのタッチ
- ドライフルーツ 200g
- ゴマ 25g
- 塩と挽きたての黒コショウを味わう

説明書

a) 肉、玉ねぎ、調味料を肉が茶色になるまで炒めます。

b) 鍋に肉と玉ねぎを入れます。

c) 肉がかぶるくらいの水を加えて鍋に蓋をし、1 時間ほど煮込みます。

d) ドライフルーツを加えてさらに 30 分煮込みます。

e) ゴマをグリルまたは乾いたフライパンで茶色になるまで炒めます。

f) シナモンを取り除き、いりごまを皿にかぶせます。

23. 大根入りラム肉のスパイシーシチュー

材料

- 2 ポンドのラムシチュー肉を 2 インチの大きさに切ります
- エキストラバージンオリーブオイル　大さじ 3
- 皮をむいて潰したニンニク　5 片
- タイの唐辛子　2 本（スライス）
- 1/2 オンスの新鮮な生姜の根（スライス）
- 紹興酒またはシェリー酒　1/4 カップ
- 濃口醤油　大さじ 3
- 薄口醤油　大さじ 2
- 鶏がらスープ　1 カップ
- ブラウンシュガー　大さじ 1
- 粉末クミン　小さじ 2
- スターアニス　3 個
- 皮をむき、角切りにした大根　12 オンス
- コーンスターチ　大さじ 3
- 飾り用ネギのみじん切り

説明書

h) 大きめの鍋にラム肉を入れ、水を入れて 5 分ほど沸騰させます。排水してすすいできれいにします。脇に置いておきましょう。

i) 同じ鍋を洗って完全に乾燥させるか、大きなダッチオーブンを使用します。オリーブオイルを中火で約 2 分間加熱します。ニンニク、唐辛子、生姜を加えます。1 分間または香りが出るまで炒めます。

j) 子羊肉をダッチオーブンに加えます。頻繁にかき混ぜながら 5 分間調理します。

k) 紹興酒またはシェリー酒を加え、濃口醤油、薄口醤油、鶏がらスープ、黒砂糖、クミンを加えます。スターアニスを鍋に入れ、強火に切り替えます。蓋をして沸騰させます。火を弱め、1 時間半煮ます。

l) 調理が終了する 45 分前に、ラムシチューに大根を加え、ソースが絡むようにかき混ぜ、完了するまで煮続けます。

m) コーンスターチを 1/4 カップの冷水に溶かし、ラムシチューに混ぜます。シチューにとろみがついたら火を止めます。

n) ネギを飾り、ご飯またはマッシュポテトの上に盛り付けます。

24. 牛肉麺スープ（四川風）

材料

- ビーフシチュー肉　1 ポンド
- スパイシーチリソース　1/4 カップ
- 4 オンスのクレソン
- ブラウンシュガー　大さじ 2
- しいたけ　12〜15 個
- オリーブオイル　大さじ 5（分割）
- 半熟卵　4 個
- スターアニス　3 個
- 8 オンスの中華麺、ラーメン、うどん
- 五香粉　小さじ 2
- 生姜　1 インチの塊（スライス）
- 醤油　大さじ 2
- にんにく　4 片（みじん切りにして粗くスライス）
- ネギ　1 本（飾り用にみじん切り）
- 牛骨スープ　5 カップ
- 胡麻油
- 赤ワイン　大さじ 1
- 塩とコショウ

説明書

a) ビーフシチューの肉を中くらいのボウルに入れます。赤ワインと塩とコショウをひとつまみ加えます。よくかき混ぜ。

b) 大きな鍋にオリーブオイル大さじ 2 を入れて中強火で加熱します。味付けした牛肉を加え、牛肉の外側が茶色になり始めるまで（約 5 分）かき混ぜます。

c) 牛骨スープ 5 カップを鍋に加えます。火を強火にし、沸騰したら煮ます。

d) 肉が煮ている間に、小さなフライパンにオリーブオイル大さじ 3 を入れて中火で加熱します（約 2 分）。

e) 砂糖を加えて茶色になり始めるまで炒めます。次に、スターアニス、五香粉、生姜、ニンニクを加えます。約 10 秒間かき混ぜます。すぐにチリソースを加えます。よくかき混ぜて弱火で 1 分ほど煮ます。

f) チリソース混合物を大きな鍋に移します。醤油を加えて 25 分間煮ます。

g) その間に卵を茹でます。（小さな鍋に水 4 カップを入れて沸騰させ、卵を静かに加え、半熟卵の場合は 4 分半、固ゆで卵の場合は 5 分間茹でます。卵は水を切り、冷水に 5 分間放置します。ピーリング。）

h) 25 分間煮込んだら、麺とキノコを鍋に加えます。沸騰させます。牛肉麺のスープが沸騰したらクレソンを加え、すぐに火を止めます。野菜がしおれ始めるまでかき混ぜます。

i) 召し上がりには、めんつゆを 4 つのボウルに均等に分けてください。ごま油をふりかけます。各ボウルに半熟卵を 1 個ずつ入れます。みじん切りのネギを振りかけます。楽しむ！

25.　スロークッカー上海風牛肉のボルシチ

材料

- オリーブオイル　大さじ 2
- 牛骨スープ　2 カップ（1 カートン）
- バター　大さじ 2
- トマトペースト　1 缶（6 オンス）
- 中力粉　1/4 カップ
- 角切りトマト缶　1 個（14.5 オンス）
- 中くらいの玉ねぎ　1 個（スライス）
- 月桂樹の葉　1 枚
- ビーフシチュー肉　1 ポンド
- 塩　小さじ 1
- セロリ　2 本（みじん切り）
- ブラウンシュガー　大さじ 2
- にんじん　1 カップ（みじん切り）
- 挽いた黒コショウ　小さじ 1/2
- 大きめのラセットポテト　1 個（角切り）
- 緑キャベツ　3 カップ（薄くスライス）
- ニンニク　4 片（みじん切り）
- 飾り用に刻んだフレッシュバジル

説明書

f) フライパンにバターとオリーブオイルを中火で溶かし、ルーを作ります。バターが完全に溶けたら、火を弱め、小麦粉を加えます。混合物が滑らかになるまで絶えずかき混ぜます。

g) 玉ねぎをルーに加えます。熱を中火〜強火に上げます。玉ねぎがしっかりコーティングされて香りが立つまでかき混ぜます。混合物をスロークッカーに移します。

h) キャベツ以外の材料をすべてスロークッカーに入れます。よくかき混ぜて蓋をし、弱火で 8 時間煮ます。

i) キャベツを加え、スロークッカーを高温設定に切り替えます。さらに 30 分間、またはキャベツが柔らかくなるまで煮ます。

j) 味を見て、必要に応じて塩または砂糖を追加します。皿に盛り、バジルを飾り、お好みのパンと一緒にお召し上がりください。

26.　メキシカンビーフとサツマイモのスープ

材料

- 精製アボカドオイルまたはオリーブオイル 大さじ 1
- 1 ポンドの赤身のシチュービーフ
- コーシャーソルト 小さじ 1
- 玉ねぎのみじん切り 1 カップ
- ニンニクのみじん切り 小さじ 1
- みじん切りピーマン 1 カップ
- 皮をむいてみじん切りにしたサツマイモ 2 カップ
- チリパウダー 小さじ 1
- 乾燥オレガノ 小さじ 1
- 粉末クミン 小さじ 1
- 14 オンスの赤いサルサ
- チキンスープ 2 カップ
- ライムジュース 小さじ 2
- 刻んだコリアンダー 1/3 カップ
- コーシャーソルト（適量）
- 好みで挽いた黒コショウ

説明書

a) 大きな鋳鉄鍋を強火で加熱します。

b) 牛肉のシチューを加え、塩をふりかける。牛肉を茶色になるまで 5 分間かき混ぜます。穴あきスプーンを使って肉を取り出し、皿に移します。脇に置いておきましょう。

c) 玉ねぎ、にんにく、ピーマンを鍋に入れて中火にかけ、玉ねぎとにんにくの香りが立ち、ピーマンが柔らかくなるまで、または約 5 分間かき混ぜます。

d) サツマイモ、チリパウダー、オレガノ、クミン、スープ、サルサを加えます。十分に混ぜ合わせてください。沸騰させます。次に、蓋をして 30 分間、またはサツマイモがフォークで柔らかくなるまで煮ます。

e) ライムジュース、コリアンダー、塩、コショウを加えてかき混ぜます。弱火で約 4 分間加熱します。

f) 準備しておいた瓶（パイントまたはクォート）にブロススープを注ぎ、1 インチの上部スペースを残します。

g) 2 つの部分からなる缶詰の蓋を指でしっかりと閉めます。

h) 予熱した圧力缶詰機で瓶を 40 分間処理します。

i) 処理時間が完了したら、火を止めて缶詰容器が自然に室温になるまで待ちます。

j) 冷めたら、瓶を缶詰容器から取り出し、シールを確認します。

27. 牛肉と野菜とライスのスープ

出来上がり量: 10 回分

材料

- ショートリブ 1 パック

- ビーフシチューの角切り肉 2 ポンド

- 肉を焼くためのオリーブオイル 1/3 カップ

- アドボ 大さじ 2

- トマトペースト 大さじ 1

- オリーブオイル 大さじ 2

- ニンニクの頭 1 個 皮をむく必要はありません

- 黒コショウ 小さじ 1/4

- 塩 小さじ 1/2

- 水

- チキンブイヨンキューブ 2 個

- ピーマン 1/2 カップ 薄くスライス

- 皮をむいた黄色タマネギ 1/2 個

- コリアンダー 1 束

- ズッキーニ 1 個（角切り）

- 穂軸付きトウモロコシ 2 個を 5 等分に切る

- 長粒米 1/4 カップ

- ジャガイモ 2 個 皮をむき、角切りにする

- にんじん 1 本（皮をむき、角切りにする）

- セロリの茎 2 本（スライス）

- ユッカ 1 カップ 皮をむき、細かく切る

- ライム 1 個（果汁入り）

説明書

a) 別のフライパンにニンニクを皮をむかずに丸ごと入れ、オリーブオイルを入れて中火にかけ、肉を焼きます。

b) 約 5 分間、または明るい黄金色になるまで炒めます。脇に置いておきましょう。

c) 大きな鍋にオリーブオイルを入れて中火にかけます。

d) 牛肉を加え、10〜15 分ほど炒める。

e) 肉に塩とコショウで味付けします。

f) 牛肉が完全に隠れるくらいの水を加えます。

g) ニンニクの頭をピーマン、タマネギと一緒に加えます。

h) 鍋の蓋をし、牛肉が柔らかくなるまで中強火で煮ます（ショートリブの場合は約 1 時間）。

i) 牛肉が柔らかくなったら鍋に水 3〜4 カップを加え、再度沸騰させます。

j) アドボ、トマトペースト、チキンブイヨン、ジャガイモ、ニンジン、セロリ、ユッカ、コーン、米を加えます。

k) さらに 10 分間煮ます。

l) コリアンダーとライムジュースを加えます。

m) ズッキーニを加えて柔らかくなるまで煮ます。

n) 提供して楽しんでください！

28. おばあちゃんの田舎の牛肉大麦スープ

材料

● 1/2〜1 ポンドのビーフシチュー肉

● ニンニク 2 片

● 油 大さじ2

● トマト缶 1 缶

● ニンジン 2 カップ

● セロリ 2 カップ

● インゲン 2 カップ

● 大麦 1/2 カップ

● ウスターソース 大さじ 1

● バジルをつまむ

● 塩とコショウ

● ビーフブイヨン 1 パック

説明書

a) ビーフシチュー肉をニンニクと一緒に油大さじ 2 で炒めます。

b) トマト、にんじん、セロリ、いんげん、大麦、ウスターソース、バジルひとつまみ、塩、こしょう、ビーフブイヨン 1 パックを加えます。

c) 弱火で 3〜4 時間調理します。

29. ワイオミングシチュー

収量：8 食分

材料

● 角切りビーフシチュー肉　1 ポンド

● 肉軟化剤　小さじ 2

● チキンブロス　1 缶（14.5 オンス）

● チキンスープの凝縮クリーム　1 缶（10.75 オンス）

● ドライオニオンスープミックス封筒　1（1 オンス）

● 冷凍シチュー野菜　1 パック（16 オンス）

● 冷蔵三日月型ディナーロール　1 缶（10 オンス）

方向

a) 鋳鉄フライパンを中火〜強火で加熱します。牛角切り肉に肉軟化剤を振りかけ、熱したフライパンで焼き色がつくまで焼きます。

b) 余分な汁を捨てます。

c) 小さなボウルにチキンスープ、クリームオブチキンスープ、オニオンスープミックスを混ぜ合わせます。肉の上に注ぎ、火を弱め、数分間煮ます。

d) オーブンを 350 度 F (175 ℃) に予熱します。冷凍シチュー野菜をフライパンに加え、さらに 10 分間煮ます。三日月ロールの生地を広げ、パイのように型の上にかぶせるように並べます。

e) 予熱したオーブンで 10〜15 分間、または表面がきつね色になるまで焼きます。オーブンから取り出してお召し上がりください。

30. <u>カネリーニ豆と子羊のスープ</u>

製造数: 4

材料

- ひまわり油　大さじ 1

- 玉ねぎ 1 個（合計 5 オンス / 150 g）、細かく刻む

- 小さめの根セロリ 1/4 本、皮をむいて 1/4 インチ / 0.5 cm の
サイコロ状に切ります (合計 6 オンス / 170 g)

- ニンニク 20 片（皮をむいて丸ごと）

- 粉末クミン　小さじ 1

- ラムシチュー肉（お好みで牛肉でも）500g（1 ポンド）を 3/4 イ
ンチ（2cm）の立方体に切ります。

- 7 カップ/1.75 リットルの水

- 乾燥カネリーニまたはピント豆 1/2 カップ / 100 g、たっぷりの冷
水に一晩浸し、水気を切ります

- 軽く砕いたカルダモンポッド 7 個

- ターメリック　小さじ 1/2

- トマトペースト 大さじ 2

- 上白糖 小さじ 1

- 9 オンス / 250 g ユーコンゴールドまたはその他の黄色い果肉の ジャガイモ、皮をむき、3/4 インチ / 2 cm の立方体に切ります

- 塩と挽きたての黒コショウ

- パン、提供する

- 絞りたてのレモン汁、お召し上がりください

- 刻んだコリアンダーまたは周グ

説明書

a) 大きなフライパンに油を熱し、玉ねぎとセロリの根を中火で 5 分間、または玉ねぎが茶色になり始めるまで炒めます。ニンニクとクミンを加え、さらに 2 分間煮ます。火を止めて置いておきます。

b) 大きな鍋またはダッチオーブンに肉と水を入れて中火にかけて沸騰させ、火を弱め、透明なスープが得られるまで表面を頻繁にすくいながら 10 分間煮ます。玉ねぎとセロリの根のミックス、水気を切った豆、カル

ダモン、ターメリック、トマトペースト、砂糖を加えます。沸騰したら蓋をし、1時間または肉が柔らかくなるまで静かに煮ます。

c) ジャガイモをスープに加え、塩小さじ1と黒コショウ小さじ1/2で味付けします。再び沸騰したら火を弱め、蓋をせずにさらに20分間、またはジャガイモと豆が柔らかくなるまで煮ます。スープは濃いほうがいいですね。必要に応じて、もう少し泡を立てて水を減らすか追加します。味見をして、お好みで調味料を加えてください。スープにパン、レモン汁、刻んだ新鮮なコリアンダー、またはチョウグを添えます。

31. ハンガリー語のグルヤス

製造数: 4

材料

- 2 ポンドの肉をシチューに切る

- マイルドなハンガリー産パプリカ 大さじ 4

- ハンガリー産ホットパプリカ少々

- 大きなトマト 3〜4 個

- 大きなピーマン 2 個

- 玉ねぎ 2 個（黄色が望ましい）

- 塩とコショウの味

- 肉や魚を焼くための脂肪または油

- サワークリーム 2 カップ（あれば）

説明書

a) 肉、鶏肉、魚をフライパンで焼きます。

b) ピーマン、トマト、玉ねぎを切ります。スープの味をよくするためにいくつかを非常に細かく切り、残りは粗く、それとわかるように切ります。野菜をシチュー鍋に入れます。

c) 焼いた肉を鍋に加え、固形分が約 1 インチ隠れるまで水を加えます。

d) 塩、コショウ、そして「甘い」パプリカを加えます。スープがあずき色になるくらいの量のパプリカを加えます。（魚を使う場合は、野菜がかぶるくらいの水を加え、調味料を加え、野菜がほぼ柔らかくなるまで煮てから魚を加えます。）

e) 肉が骨からほとんど落ちるか、魚に火が通るまで煮ます。必要に応じて水を加えて、とろみのあるスープシチューを保ちます。味見をして調味料を調整してください。

f) サワークリームがある場合は、食べる直前に 1 カップを加え、よくかき混ぜてください。スープボウルに入れて、茹でたジャガイモや麺の上に盛り付けます。残りのサワークリームを各人のボウルに飾ります。

g) ホットパプリカを渡すと、好きなだけ辛くすることができます。

32. 国産牛カレー

4 人分

材料

- 小麦粉 1/3 カップ

- 無塩バター 大さじ 4

- カレー粉 大さじ 2

- ガラムマサラ 大さじ 1/2

- 醤油 大さじ 1

- ケチャップ 大さじ 1

- ウスターソース 大さじ 1

- はちみつ 大さじ 1

- コーシャーソルト 小さじ 1

- ビーフシチュー肉 1 ポンド

- ニンジン 2 本

- 中サイズのユーコンゴールドポテト 3 個

- 玉ねぎ中 1 個

- ニンニク 2 片（みじん切り）

- 生姜のみじん切り 小さじ 1

- チキンスープ 2 カップ

方向

a) 炒めボタンを押して加熱します。

b) まずルーを作ります。バターを溶かしてから小麦粉を加えます。1 分間トーストしてから、カレー粉とガラムマサラを加えます。濃厚なペーストになるまで混ぜます。暑さから削除。

c) オリーブオイルを加えて牛肉を焼き色をつける。スライスした玉ねぎを加え、玉ねぎが茶色になるまで数分間調理します。生姜、にんにく、はちみつ、醤油、ケチャップ、ウスターソース、コーシャーソルト、カレールウを加えます。

d) 肉とよく混ぜ合わせます。ニンジン、ジャガイモ、チキンスープを注ぎます。蓋をして肉/シチューボタンを押し、20 分間時間を設定します。

33. 牛肉のカレー

出来上がり量: 6 人分

材料

● 玉ねぎ 1 個。スライスされた

● カレー粉 小さじ 1

● 油 大さじ 2

● 塩 小さじ 1

● 挽いた黒コショウ 小さじ 1

● ビーフシチュー肉 2 ポンド。1/2 インチ立方体

● 液体 2 カップ

● フルーツ 2 カップ

● 温かい炊き込みご飯

● ネギみじん切り

● すりおろしたココナッツ。甘くない

● 刻んだピーナッツ

● 1 チャツネ

説明書

a)　ダッチオーブンで玉ねぎとカレー粉を油で中火で玉ねぎがしんなりするまで炒めます。

b)　玉ねぎを鍋から取り出します。中程度の牛肉と茶色の牛肉まで熱を高めます。

c)　鍋に玉ねぎ、牛肉、塩、コショウ、液体を加えます。

d)　蓋をして弱火で 6〜8 時間調理します。提供時間の約 30 分前にフルーツを加えます。

e)　液体が薄すぎる場合は、コーンスターチ混合物でシチューを濃くしてもよいでしょう。

f)　温かいご飯の上にお好みの薬味を添えてお召し上がりください。

34. イタリア産仔牛肉とピーマン

材料

● 子牛肉のシチュー 1 ポンド

● 大きめのピーマン 3 個（スライスまたはカット）（もっと使っても大丈夫）

● 大きな玉ねぎ 2 個（スライスまたはみじん切り）

● トマト 2 号缶 1 個

● 塩とコショウ

● パセリ

● 月桂樹の葉 1 枚

説明書

a) 子牛肉を小さく切ります。

b) 鍋に油を入れて熱します（底が隠れ、肉がくっつかないようにするのに十分な量）。

c) 肉を加えてよく焼き色をつける。

d) 玉ねぎを加え、柔らかくなるまで数分間煮ます。

e) トマトを注ぎます。調味料を加えて 1 時間以上じっくり煮込みます。

f) 注: ピーマンは別々に揚げて、最後の 10 〜 20 分間トマト混合物に加えてもよい。

35. タイカレーシチュー

4 回分

材料
カレーペーストの場合:
● 茎と種を取り、乾燥させた唐辛子 6 本
● 塩 小さじ 1/2（コーシャ）
● 皮をむき、1 インチ立方体にしたレモングラスの茎の底部 4 インチ x1 本
● 皮をむき、スライスした新鮮なガランガル 大さじ 2
● スライスして皮をむいた新鮮なターメリック 大さじ 2
● エシャロット 1/2 カップ（みじん切り）
● 半分に切ったニンニク 1/4 カップ
● タイのエビペースト 大さじ 1

シチューの場合:
● 2 ポンド 切り落とした 1 と 1/2 インチ角の牛肩肉 1 枚
● タイ醤油 大さじ 3
● 粉砕して乾燥させたタイ唐辛子 大さじ 2
● 減塩ビーフスープ 9 カップ
● エシャロット 1 カップ（半分に切る）
● 皮をむき、縦半分に切り、横に切ったニンジン（中）3 本
● 冷凍または生のコブミカンの葉 6 枚
● 盛り付け: みじん切りのコリアンダーとスライスしたバジル

方向:
a) カレーペーストを準備するには、乳鉢で唐辛子と塩を乳棒で 5〜6 分間練ります。他のペースト材料を上記の順序で次々に加え、それぞれを完全に粉砕してから次のペースト材料を加えます。これには合計 15 〜 20 分かかります。

b) シチューを準備するには、大きな鍋にカレーペーストと醤油、牛肉、唐辛子を入れます。均一にかき混ぜてコーティングします。

c) 牛肉もよく。時々かき混ぜながら中火で 5〜6 分煮ます。スープを加えます。沸騰させます。

d) 蓋をして火を中弱火に下げます。時々かき混ぜながら、牛肉が柔らかくなるがまだバラバラにならないまで、2〜2 時間半煮ます。

e) ライムの葉、シャロット、ニンジンを加えて混ぜます。野菜がかろうじて柔らかくなるまで、10〜12 分間煮ます。バジルとコリアンダーを飾り付けてお召し上がりください。

36. ゴートシチュー マニッシュウォーター

出来上がり量: 6 人分

材料

- 2 ポンドのヤギの頭と足を細かく切ります

- 1/2 ポンドのカボチャを洗ってさいの目に切った

- 塩味をお好みで

- ピメントオールスパイスの数粒

- 黄色いヤムイモ 1 ポンド

- 餃子を作るための小麦粉 1 カップ

- にんじん 2 本は皮をむき、洗い、さいの目に切ります

- アイリッシュジャガイモ 1 個 皮をむき、洗い、角切りにする

- にんにく 3 片 みじん切り

- ねぎ 3 本

- 3 本指の皮付きの緑色のバナナ、洗ってスライス

- 新鮮なグリーンタイム 2 枝

- 青唐辛子 1 個

説明書

a) 沸騰したお湯の入った鍋にヤギの頭と足を入れます。

b) 中火にかけ、鍋を 10〜15 分間沸騰させます。

c) ピメント粒数粒とニンニク 2 片を加えます。

d) ヤギの頭と足を半分火が通るまで茹でます。脇に置いておきましょう。

e) バナナ、かぼちゃ、にんじんを加えて 10 分ほど煮ます。

f) 餃子、ねぎ、タイム、唐辛子を加える前に、塩とコショウで味を調えます。

g) かき混ぜて火を弱めます。

h) シチューをとろみがつくまで煮て、火を止めます。

i) 温かいうちにお召し上がりください。

37. ジャマイカ産マトンのシチュー

出来上がり量: 6 人分

材料

肉を圧力調理するには

j) 水 7 カップ

k) 赤身肉調味料 大さじ 2

l) 2.5 ポンドのマトン

シチューを作るには

m) 白または黄色のヤムイモ（みじん切り） 1 ポンド

n) チョチョみじん切り 1 個

o) タイムの小枝 8 本を束ねて結んだもの

p) ピメントベリー 8 個

q) ジャガイモ 1 個

r) にんじん 2 本みじん切り

s) ねぎみじん切り 3 本

t) 玉ねぎのみじん切り 1 個（お好みで）

u) 1　スコッチボンネット

v) ブラックペッパー、ガーリックパウダー、ピンクソルト（お好みで）

w) 肉を圧力調理したときに残った水　5 カップ

x) マトンストック　5 カップ

y) かぼちゃのシチューミックス　大さじ 3

餃子のために

z) 水　1/2 カップ

aa)　グルテンフリー小麦粉　2 カップ

bb)　ピンクソルト　小さじ 1/2

説明書

マトンを圧力調理するには

a) インスタント鍋に羊肉を入れ、塩、こしょうで味を調え、水を加えます。

b) 蓋をして「肉モード」を選択し、20 分間調理します。

c) タイマーが鳴ったら、素早くリリースし、バルブを「通気」位置に移動します。

シチューを作るには

a) 羊肉、羊肉ストック 5 カップ、加圧水 5 カップをストックポットに移し、沸騰させます。

b) チョーチョ、ヤムイモ、ジャガイモ、ニンジン、ネギ、タマネギ、ピメントベリー、タイム、コックシチューミックスを加えてかき混ぜてから、火を中火または弱火に下げます。

餃子を作るには

a) ボウルに小麦粉とピンクソルトを入れて混ぜます。

b) ボウルに水を少しずつ加えて、生地が団子状になるくらい粘り気のある状態にします。

c) 生地を少しつまみ、手のひらで転がして「スピナー」を作り、平らにして円盤状にします。

d) 作りながら鍋に加えます。

e) スコッチボンネットを加え、鍋を部分的に覆い、最大 1 時間煮ます。

f) ジャガイモの一部をスプーンの背で潰してシチューを濃くします。

野菜シチュー

38. かぼちゃとジャガイモのシチュー

出来上がり量：6 人分

材料

● 玉ねぎ 3 個（細かくスライス）

● 野菜スープ 1 カップ

● ニンニク 1 片（みじん切りまたは圧搾）

● 黒豆の 16 オンス缶 2 個（水切り）

● 飾り用に、くし形に切ったライム 2 個

● 乾燥赤唐辛子のフレーク 小さじ 1/2

● オールスパイス 小さじ 1/2

● 16 オンスのトマト缶

● バターナッツかぼちゃ 1 個（皮をむき、種を取り、乱切りにする）

● 1 ポンドのアイダホポテト、皮をむき、乱切りにする

● コショウ 適量

説明書

a) 玉ねぎをバルサミコ酢で炒めます。

b) ライム、パセリ、黒豆を除いた残りの材料を加えます。

c) 鍋に蓋をし、中火～弱火で 20 分煮ます。

d) 黒豆を加え、食べる前に 10 分間加熱します。

e) トップにウェッジライムを添えてお召し上がりください。

39. <u>カラルーの煮込み</u>

出来上がり量：3 人分

材料

● ココナッツミルク 1 カップ

● カラルーの葉のみじん切り

● 植物油 大さじ 3

● 塩とコショウの味

● ニンニクのみじん切り 2 片

● 玉ねぎ 2 個

● ホットペッパーソース

説明書

a) 鍋に油を入れて加熱します。

b) みじん切りにした玉ねぎとにんにくを加えます。

c) カラルーの葉を加え、しおれて油がかかるまで炒めます。

d) ココナッツミルクを加え、5 分間煮ます。

e) 塩とコショウで味付けし、お召し上がりください。

40. ジャガイモにんじんときのこのシチュー

製造数: 4

材料

- ユーコンゴールドポテト 3 個

- 皮をむき、細かく刻んだ大きなニンジン 2 本

- クレミニマッシュルーム 16 オンス（4 等分）

- アーモンド粉 1/4 カップ

- ニンニク 3 片（みじん切り）

- トマトペースト 大さじ 2

- ウスター大さじ 2

- 野菜スープ 大さじ 4

- 野菜スープ 3 1/2 カップ

- セロリリブ 3 本（細かく刻む）

- 黄玉ねぎ 1 個（みじん切り）

- 乾燥タイム 小さじ 1

- 乾燥赤ワインビネガー 1/4 カップ

● 塩、コショウ、適量

● サービング用の新鮮なパセリ

説明書

a) 大きな鍋に野菜スープを入れて温めます。タマネギ、ニンジン、セロリを加え、少なくとも 5 分間調理します。塩で味付けし、スープは別の機会に取っておきます。

b) キノコとニンニクを鍋に入れます。液体が出始めるまでさらに 5 分間調理します。

c) タイムまたはオレガノ、ウスターソース、トマトペースト、赤ワインビネガーをミキシングボウルに入れて混ぜます。時々かき混ぜながら約 5 分間煮ます。

d) 野菜スープ 3 カップを加え、続いてジャガイモと月桂樹の葉を加えます。10 分間、弱火で沸騰させます。

e) 小麦粉と取っておいたスープ 1/2 カップをミキシングボウルに入れ、滑らかになるまで泡立てます。混合物を鍋に注ぎ、よくかき混ぜます。

f) ソースがとろみがつくまで弱火で煮ます。塩とコショウで味を調えます。食べる前にパセリを飾ります。

41. かぼちゃのサワークリーム煮

製造数: 4

材料

● バター　40g/1.5 オンス

● 玉ねぎ　2 個（みじん切り）

● にんじん　1 本（みじん切り）

● セロリ　1 本（みじん切り）

● ローズマリー　3 枝

● 月桂樹の葉　2 枚

● にんにく　1 片（みじん切り）

● レンズ豆　400g/14 オンス

● 1.2 リットル/2 パイント　2 液量オンスの野菜ストック

● 600g/1 ポンド　5 オンス　かぼちゃまたはかぼちゃの盛り合わせ

● パセリの小房、みじん切り

● 赤ワインビネガー　大さじ 2

● サワークリーム 大さじ4

説明書

a) 大きな鍋にバターを溶かし、みじん切りにした玉ねぎ、にんじん、セロリを加えます。ローズマリーと月桂樹の葉を数枚加え、数分後に刻んだニンニクを加えます。すべてがうまく柔らかくなったら、レンズ豆を傾け、1リットル/1¾パイントの野菜ストックを注ぎます。沸騰したら、かぼちゃの世話をしている間、煮るままにしておきます

b) さまざまなカボチャやカボチャを使用すると、シチューはより複雑な味わいになります。ここではどんぐりかぼちゃとシンデレラを使用していますが、最終的には皮をむいた大きな塊のかぼちゃを約 600g/1 ポンド 5 オンスにする必要があります。それらをシチューに加えて味付けし、すべての材料がちょうど隠れるくらいの水を注ぎます。鍋に蓋をして 30〜40 分煮る

c) シチューがほぼ完成したら、刻んだパセリを加えます

d) シチューをよりクリーミーにするには、フードプロセッサーから小さなボウル一杯を取り出し、200ml/2fl oz のストックを加えます。再び注ぐと、シチューはすぐにビロードのようになります

e) シチューをボウルに盛り付け、最後にスプーン一杯のサワークリームを冷やして仕上げます。

42. キノコとハラペーニョのシチュー

製造数: 4

材料

- オリーブオイル 小さじ 2

- ネギみじん切り 1 カップ

- ニンニク 1 片（みじん切り）

- セロリの茎、みじん切り 1/2 カップ

- にんじん 1/2 カップ（みじん切り）

- 緑ピーマン 1 個（みじん切り）

- ハラペーニョ唐辛子 1 個（みじん切り）

- マッシュルーム 2 1/2 カップ（スライス）

- 野菜ストック 1 1/2 カップ

- トマト 2 個（みじん切り）

- タイムの小枝 2 本（みじん切り）

- ローズマリーの小枝 1 本（みじん切り）

- 月桂樹の葉 2 枚

● 塩 小さじ 1/2

● 挽いた黒コショウ 小さじ 1/4

● 酢 大さじ 2

説明書

a) 鍋を中火にかけ、油を温めます。

b) ニンニクとネギを加え、柔らかく半透明になるまで炒めます。

c) 黒コショウ、セロリ、マッシュルーム、ニンジンを加えます。

d) かき混ぜながら 12 分間調理します。野菜ストックを少し加えてかき

混ぜ、くっつかないようにします。

e) 残りの材料を加えて混ぜます。

f) 火を中火に設定します。25〜35 分間、または火が通るまで煮ます。

g) それぞれの器に分けて温かいうちにお召し上がりください。

43. 豆腐の炒め物とアスパラガスのシチュー

製造数: 4

材料

● アスパラガス 1 ポンド（茎を切り落とす）

● オリーブオイル 大さじ 2

● 豆腐 2 ブロック（押して角切りにする）

● ニンニク 2 片（みじん切り）

● ケイジャンスパイスミックス 小さじ 1

● マスタード 小さじ 1

● ピーマン 1 個（みじん切り）

● 野菜スープ 1/4 カップ

● 塩と黒コショウ 適量

説明書

a) 大きな鍋に軽く塩水を入れ、アスパラガスを入れ、柔らかくなるまで

10 分間煮ます。ドレイン。

b) 中華鍋を強火にかけ、オリーブオイルを温めます。角切り豆腐を加えて混ぜ、6 分間調理します。

c) にんにくを入れて柔らかくなるまで 30 秒ほど煮ます。

d) 取っておいたアスパラガスを含む残りの材料を加えてさらに 4 分間調理します。

e) お皿に分けてお召し上がりください。

44. キャンプそばしいたけ煮込み

分量: 2〜4 人分

材料

● 玉ねぎ 1〜2 個、8 等分に切る

● 中くらいの大きさのニンジン 2〜4 本を 0.5 インチ程度のスライスに切ります

● じねんじょそば 1 パック

● 干し椎茸 1 オンス

● プロテインパウダー 大さじ 1

● 海塩少々

説明書

a) 切った玉ねぎとにんじんを水に入れて沸騰させます。火を弱め、玉ねぎと車腐れがほぼ柔らかくなるまで調理します。

b) プロテインパウダーと塩を加えます。かき混ぜる。そばを加えます。標高に応じて、そばが柔らかくなるまでさらに数分間調理しますが、柔らかくなりません。バーナーを消します

c) その上に椎茸を浮かべます。軽くかき混ぜます。椎茸が十分に湿ったら、シチューによく混ぜます。

d) そばが完成するまで放置し（アルデンテ、またはお好みで柔らかめ）、もう一度かき混ぜてお召し上がりください。

e) このシチューは、過酷なハイキングや登山の前の朝食に最適です。また、氷点下の気温で（キャンプファイヤーの轟音の有無にかかわらず）引退する前にも最適です。

45. カシューナッツ野菜の煮込み

材料
- ブロッコリーの小花 1 と 1/2 カップ
- カリフラワーの小花 1 と 1/2 カップ
- 大きめのスライス玉ねぎ 1 個
- すりおろした生の生姜 小さじ 1/4
- ニンニク 2 片（みじん切り）
- 塩をひとつまみ
- 黒胡椒ひとつまみ
- 野菜スープ 2 カップ
- カシューナッツ 1 ポンド
- クミンパウダー 小さじ 1
- カイエンペッパー 小さじ 1
- 絞りたてのレモン汁 大さじ 1
- 新鮮なレモンの皮、すりおろしたもの 小さじ 1

説明書
a) 玉ねぎを少量の水で 3 分ほど炒めます。
b) ニンニク、生姜、スパイスを加えます。
c) スープ 1 カップを加えて沸騰させます。
d) 野菜を加えて再度煮ます。
e) 定期的にかき混ぜながら、蓋をしたまま 15〜20 分間煮ます。
f) レモン汁を加えたら火から下ろします。
g) カシューナッツとレモン皮を添えて温かいうちにお召し上がりください。

46.　スープとオクラ

材料

● レッドパーム油またはピーナッツ油　1 カップ

● 角切りのシチュー肉　1 ポンド

● 玉ねぎ　1 個（皮をむき、みじん切りにする）

● 甘い赤ペッペ　1 個（みじん切り）

● チリペッパー　1 個

● 水

● 干し魚または燻製魚　1 匹（魚を洗い、骨を取り除き、細かく砕く）

● 新鮮な魚　1/2 ポンド（一口大に切る）（オプション）

● 2 ポンドの野菜、ヘタを取り除き、きれいにし、洗って細切りにする

● オクラ　1 1/2 ポンド（端を取り除き、細かく切ります）

● チキンブイヨンまたはビーフブイヨンキューブ　1〜2 個

● カイエンペッパーまたは赤唐辛子、塩（お好みで）

説明書

a)　鍋に油を 4 分の 1 ほど入れて熱します。肉を茶色になるまで炒めます。玉ねぎとピーマンを加え、さらに 1〜2 分炒めます。

b)　残りの材料をすべて加え、沸騰させます。火を弱め、すべてが柔らかくなるまで 1〜2 時間煮ます。

c)　スープがお好みの量になったら、追加のパーム油（お好みで）を加えてさらに 10〜20 分間煮ます。

47. ナスと米のプロヴァンス風

材料

● 大きなナス 1 本、約 2 ポンド

● オリーブオイル 大さじ 4

● みじん切り玉ねぎ 3 カップ

● ピーマン 1 個（芯と種を取り、1 インチの立方体に切る）

● みじん切りにしたニンニク 2 片

● 刻んだ新鮮なタイム 小さじ 1、または乾燥タイム 小さじ 1/2

● 月桂樹の葉 1 枚

● トマト 3 個（皮をむき、芯を取り、みじん切りにする）

● 生米 1 カップ

● チキンスープ 3¾カップ

● 塩と黒胡椒

● すりおろしたパルメザンチーズ 1/2 カップ

● バター 大さじ 2

説明書

a) オーブンを 400 度に予熱します。ナスは端を切り落とし、1 センチ角に切ります。

b) 大きめのフライパンに油を熱し、なすを入れます。時々フライパンを振りながら強火で焼きます。

c) 玉ねぎ、ピーマン、ニンニク、タイム、月桂樹の葉を加えてかき混ぜます。

d) トマトを加えて混ぜ、火を弱め、

e) 5 分間、またはフライパン内の液体のほとんどが蒸発するまで煮ます。

f) 注：材料はかなりとろみがつくまで煮込む必要があります。

g) 米とチキンスープを加えて混ぜます。

h) 塩とコショウで味付けします。

i) 混合物をグラタン皿にスプーンで入れ、チーズを振りかけ、

j) バターを塗り、蓋をせずに 30 分間焼きます。

48. エンドウ豆のシチューと餃子

分量: 4 人分

材料

● 一晩浸した乾燥ピントビーンズ 1 カップ

● 玉ねぎ 1 個（大）

● にんじん 大 1 本

● ニンニク 3 片

● ねぎ 1 本

● タイム 小さじ 1

● オールスパイス 小さじ 1/2（すりつぶしたもの）

● 万能調味料 大さじ 1

● 塩とコショウの味

● スコッチボンネットペッパー 丸ごと 1 個

● ココナッツミルク 1 カップ

● 油 大さじ 1（お好みで）

グルテンフリーの餃子

- 大さじ 1 と 1/2。白米粉

- 大さじ 1 と 1/2。そば粉

- 片栗粉 大さじ 1

- タピオカ粉 大さじ 1/2

- アーモンド粉 大さじ 1

- 塩 小さじ 1/4

- 大さじ 2。水

方向

a) 浸した豆を水から切り、圧力鍋に入れます。豆の約 1 インチ上に新鮮な水を注ぎます。蓋をして 20〜25 分ほど煮ます。

b) その間に、玉ねぎ、にんにく、にんじん、ねぎをみじん切りにし、ボウルに入れます。

c) 別のボウルにすべての乾燥材料を混ぜ合わせ、餃子を作ります。水を少しずつ加え、注ぐたびにしっかりとした生地が形成され始めるまで混ぜます。

d) 生地を 8〜10 個程度の小さな部分に分割します。各ピースを手の ひらで 3 インチの長さのロープの形、または小指ほどの大きさに転がしま す。餃子を皿に置いておきます。

e) 豆が調理されたら、圧力鍋を開ける前に圧力を解放します。鍋を 冷たい水道水で流すと効果的です。

f) 蓋を外し、刻んだ調味料と残りの調味料を加えます。

g) ココナッツミルク、餃子を加え、弱火で 10 分間煮ます。

h) 餃子を加え、餃子が完全に火が通るまでさらに 5 分間煮ます。シチ ューが濃すぎる場合は、必要に応じて水を追加してください。

i) 暑さから削除。ご飯と蒸し野菜またはアボカドと一緒にお召し上がり ください。

49. かぼちゃのシチュー

出来上がり量：3 カップ

材料

- チキンスープ 1 と 1/2 カップ

- かぼちゃピューレ 1 カップ

- みじん切りにした生姜 小さじ 1/2

- ローストガーリック、みじん切り 2 クローブ

- 塩 小さじ 1/2

- コショウ 小さじ 1/2

- シナモン 小さじ 1/4

- バター 大さじ 4

- ヘビークリーム 1/2 カップ

- ベーコン 4 枚

- 玉ねぎ 1/4 個（みじん切り）

- コリアンダー 小さじ 1/4

- ナツメグ 小さじ 1/8

● 月桂樹の葉　1 枚

● 残りのベーコングリース　大さじ 3

説明書

a) 大きめの鍋にバターを入れて弱火にかけ、しっかりと溶かします。

b) 玉ねぎ、生姜、にんにくを加えてよく混ぜます。

c) これを 2〜3 分間、または玉ねぎが半透明になるまで炒めます。

d) 鍋に調味料を加えて 1〜2 分煮ます。

e) 玉ねぎ、スパイス、かぼちゃのピューレを鍋でよくかき混ぜます。

f) 1.5 カップのチキンスープを鍋に入れてかき混ぜます。

g) 沸騰したら火を弱め、20 分間煮ます。

h) 浸漬ブレンダーでそれらをパルスします。

i) さらに 20 分間調理します。

j) その間にベーコン 4 枚を中火で炒めます。

k) シチューの調理が完了したら、1/2 カップの生クリームとベーコンオイルを加えます。

l) よく混ぜます。

m) 砕いたベーコンをシチューの上に散らします。

n) 大さじ 2 杯のサワークリームとパセリを添えてください。

50. スカッシュシチュー

出来上がり量：4 人分

材料

● 玉ねぎ 1 個（皮をむき、みじん切りにする）

● にんじん 1 本（皮をむいてみじん切り）

● ハラペーニョ 1 個、コショウ、種を取り除き、細かく刻む

● 皮をむき、角切りにしたスパゲッティスカッシュ 1 個

● チキンストック 3 カップ

● バター 大さじ 3

● 粉末クミン 小さじ 2

● コリアンダー 小さじ 2

● 挽いたシナモン 小さじ 1/2

● カイエンペッパー 小さじ 1/2

● チリパウダー 小さじ 1/2

● オレンジジュース 1 個

● ライム果汁 1 個

アンチョクリーム

● サワークリーム 大さじ 4

● 塩

● アンチョ唐辛子 3 本（半分に切り、ヘタを取り、種を取り除いたもの）

● アーモンドミルク 大さじ 6

● コショウ

● ライムジュース 適量

説明書

a) 厚手の鍋で、玉ねぎ、にんじん、ハラペーニョペッパーをバターで柔らかくなるまで炒めます。

b) クミン、コリアンダー、シナモン、カイエン、チリパウダーで味付けします。

c) かぼちゃを加え、弱火でさらに 2 分間煮てから、ストック、オレンジジュース、ライムジュースを混合物に加えます。

d) 約 30 分、またはカボチャが柔らかくなるまで煮ます。冷却してください。

e) 混合物をフードプロセッサーまたは浸漬ブレンダーでピューレ状にします。

f) シチューを鍋に戻し、塩、こしょうで味を調える。

g) アンチョクリームを加えてかき混ぜます。

h) 生クリームで薄めたサワークリームを飾ります。

51. トマトチョーカライスシチュー

出来上がり量：4 人分

材料

● トマト 3 個

● 玉ねぎ 1 個

● ニンニク 4 片

● オリーブオイル 大さじ 2

● チキンストック 4 カップ

● スコッチボンネットペッパー 1/4

● パーボイルド玄米 1 カップ

● パセリのみじん切り 大さじ 1

● 黒コショウ 小さじ 1/4

● 塩 小さじ 1/4

● タイム 小さじ 1/2

● トマトペースト 大さじ 1

● ブラウンシュガー 小さじ 1/2

● コリアンダーをつまむ

説明書

a) 熟したトマトと丸ごとのグリーンスコッチボンネットペッパーをグリルで約

2〜3 分間、トマトを約 20〜30 分間グリルで膨らませます。

b) 手に取れるくらい冷めたら、焦げた皮を取り除き、粗く刻みます。

c) オリーブオイルを熱し、みじん切りにしたタマネギ、タイム、ニンニクを

約 4 分間ゆっくり炒めます。

d) トマトペーストを加えてさらに 2〜3 分煮ます。

e) 火を強めて、ご飯以外の材料をすべて加えます。沸騰させます。

f) ご飯を加え、20〜25 分間煮ます。

g) みじん切りのパセリをトッピングし、パンと一緒にお召し上がりください。

マメ科植物と穀物のシチュー

52. ビーンズのココナッツミルク煮込み

出来上がり量：6 人分

材料

シチュービーンズ

● 乾燥インゲン豆 2 カップ（一晩水に浸したもの）

● 水 6 カップ

● 1〜14 オンスのココナッツミルク缶

● 玉ねぎ 1 個（みじん切り）

● ニンニク 2 片（みじん切り）

● 塩小さじ 2、またはお好みで

● 乾燥タイム 小さじ 1/2、または新鮮なタイム 1 枝

● にんじん中 1 本（コイン状に切る）

● スコッチボンネットペッパーの茎をそのままの状態で丸ごと 1 本、またはカイエンペッパー小さじ 1/4

● すりおろした生の生姜 小さじ 1/4

● オールスパイス 小さじ 1/4 またはベリー 6 個

- 餃子/スピナー 1 バッチ

餃子/スピナー

- 小麦粉 1/2 カップ

- 冷水 1/4 カップ

- 塩 小さじ 1/4

説明書

シチューピーズ用

a) 鍋に水を加え、豆を沸騰させます。

b) 豆を 1 時間、または柔らかくなるまで煮ます。

c) ココナッツミルク、ニンジン、タマネギ、ニンニクを加えます。

d) スピナー、タイム、その他の調味料を加え、さらに 30 分間煮ます。

e) 食べる前にコショウを加えます。

f) サラダや玄米ご飯と一緒に食べると美味しいですよ！

餃子のために

a) ボウルに塩と小麦粉を入れて混ぜます。

b) 硬い生地を作るには、水を加えて混ぜます。

c) 細長い団子を作り、生地を少しずつつまみ、手のひらで転がします。

d) 沸騰したシチューに投入。

53. トリニダード産カレーチャナシチュー

出来上がり量：6 カップ

材料

● ひよこ豆 4 カップ（一晩水に浸したもの）

● セラーノ唐辛子 1 個（種を取り、みじん切りにする）

● カレー粉 小さじ 3

● オリーブオイル 大さじ 1

● 黄玉ねぎ 1 個

● メティ/フェヌグリーク 小さじ 1/4

● 水 1 1/4 カップ（小分け）

● ニンニク 3 片（みじん切り）

● ターメリック 小さじ 1/2

● クミン 小さじ 1/2

● 塩 小さじ 1/2

● コリアンダーみじん切り 大さじ 2

説明書

a) ひよこ豆を水で 1 時間半、または柔らかくなるまで茹でます。

a) 調理液を保存しながら豆を水切りします。

b) 鍋にオリーブオイルを中火にかけ、加熱します。

c) 玉ねぎのスライスを加え、5 分間、または透明になるまで調理します。

d) セラーノチリとニンニクを加え、さらに 2〜3 分間、または香りが立つまで煮ます。

e) カレー粉、クミン、ターメリック、メティを加えて約 30 秒間かき混ぜます。

f) 混合物をかき混ぜながら、1/4 カップの水、ひよこ豆の調理液、またはスープを注ぎます。

g) 茹でたひよこ豆を加え、弱火で 5 分煮る。

h) 鍋の蓋を外し、塩を加えてさらに 20 分ほど煮ます。

i) コリアンダーをトッピングし、玄米と一緒にお召し上がりください。

54.　ひよこ豆のサツマイモのシチュー

製造数: 4

材料

● ひよこ豆　15 オンス（水気を切って洗い流す）

● 皮をむいて角切りにしたサツマイモ　2 カップ

● 野菜スープ　大さじ 4

● 直火焼きクラッシュトマト　15 オンス、1 缶

● ニンニク　3 片（みじん切り）

● 小さな玉ねぎ　1 個（みじん切り）

● 生姜のみじん切り　小さじ 1

● 野菜スープ　3 カップ

● 新鮮なほうれん草　5 オンス

● 乾燥コリアンダー　小さじ 1/4

● カイエンペッパー　小さじ 1/8

● スイートパプリカ　大さじ 1

● クミン　小さじ 1/2

説明書

a) 大きな鍋またはオーブンで野菜スープを中火で加熱します。スープが沸騰したら、玉ねぎを 4〜5 分間、または半透明になるまで調理します。

b) ニンニクと生姜を少なくとも 2〜3 分間かき混ぜます。香りが立つまで時々かき混ぜ、スイートパプリカ、クミン、コリアンダー、カイエンペッパーを加えます。

c) ひよこ豆、さつまいも、砕いたトマト、野菜スープを鍋で沸騰させます。火を中弱火に下げ、サツマイモが 15〜20 分間、または柔らかくなるまで調理します。

d) ほうれん草が柔らかくなるまでかき混ぜます。すぐにお召し上がりください。

55. ひよこ豆とファロのシチュー

製造数: 4

材料

- 調理済みひよこ豆　3 カップ

- パールファッロ　1/2 カップ

- にんじん中 1 本（さいの目切り）

- 14.5 オンスのトマト缶、角切り

- ニンニク　2 片（みじん切り）

- 野菜スープ　3 1/2 カップ

- 野菜スープ　大さじ 4

- ローズマリー　1 小枝

- 玉ねぎ中 1 個（みじん切り）

- リブセロリ　1 本（角切り）

- 挽きたての黒コショウ　小さじ 1/4

- 塩　小さじ 1/2

- おろしたての植物性チーズ　1/3 カップ

- 粗く刻んだベビーほうれん草の葉を軽くパックして 2 カップ

説明書

a) ブレンダーでひよこ豆 1 カップと野菜スープ 1/2 カップを混ぜ合わせ、滑らかなピューレを作ります。

b) 鍋に野菜スープを入れて中火で加熱します。スープが沸騰したら、玉ねぎ、にんじん、セロリを加えます。野菜が柔らかくなるまで、時々かき混ぜながら 6〜8 分間煮ます。

c) ニンニクを 1 分間調理します。その後、ひよこ豆の残り 2 カップ、スープの残り 3 カップ、トマトとそのジュース、ローズマリー、塩、コショウを加えます。それらを混ぜ合わせます。

d) 沸騰したら中弱火に下げて 15 分間調理します。

e) 火を中〜強火に上げ、ファッロを加えます。

f) スープが沸騰したら、火を中弱火にして調理します。少なくとも 20 分間、またはファッロが柔らかくなるまで時々かき混ぜます。

g) ローズマリーの小枝を外し、ほうれん草を加えて混ぜます。さらに少なくとも 1〜2 分間調理し、ひよこ豆のピューレを加えます。すぐにお召し上がりください。

56. 豆とチョリソのシチュー

作る: 3

材料

- にんじん 1 本（角切り）

- オリーブオイル 大さじ 3

- 中くらいの大きさの玉ねぎ 1 個

- 赤ピーマン 1 個

- 乾燥フェイブズ豆 400g

- チョリソーソーセージ 300 グラム

- ピーマン 1 個

- パセリ 1 カップ（みじん切り）

- トマト（角切り） 300g

- チキンストック 2 カップ

- 鶏もも肉（フィレ） 300 グラム

- ニンニク 6 片

- 中くらいの大きさのジャガイモ 1 個（角切り）

● タイム　大さじ 2

● 塩　大さじ 2 （お好みで）

● コショウ　大さじ 1

説明書

a) 鍋に植物油を注ぎます。玉ねぎを入れます。中火で　2　分間揚げます。

b) 大きなミキシングボウルに、ニンニク、ニンジン、ピーマン、チョリソ、鶏もも肉を入れて混ぜます。調理には 10 分ほどかかります。

c) タイム、チキンストック、豆、ジャガイモ、トマト、パセリを加え、塩とコショウで味を調えます。

d) 30 分間、または豆が柔らかくなり、シチューが濃くなるまで煮ます。

57. サツマイモレンズ豆のシチュー

製造数: 6

材料

● 新鮮なコリアンダー（みじん切り）　1/4 カップ

● 野菜スープ　51/4 カップ

● カイエンペッパー　小さじ 1/4

● 生姜、すりつぶしたもの　小さじ 1/4

● クミン、粉末　小さじ 1/2

● ニンニク（みじん切り）　4 片

● 玉ねぎ、中（みじん切り）　1

● にんじん、中（1 インチの大きさに切る）　3

● 乾燥レンズ豆（洗ったもの）　1 と 1/2 カップ

● サツマイモ、中　2 1/4 カップ

説明書

a) 3 クォートのクッカーを使って（遅い）、最後の 9 つの材料を集めます。

b) 調理しますが、蓋はしないでください。

c) レンズ豆と野菜が柔らかくなるまで、弱火で 5〜6 時間煮ます。そこにコリアンダーを混ぜます。

58. ジャマイカ産小豆シチュー

出来上がり量：4 人分

材料

- 黄玉ねぎ 1 個（みじん切り）
- にんじん 2 本、みじん切りにする
- 水 1/2 カップ
- 13.5 オンスのココナッツミルク缶
- ニンニク 2 片（みじん切り）
- 黒胡椒 小さじ 1/4
- 皮をむき、さいの目に切ったサツマイモ 1 個
- 調理した濃い赤インゲン豆 3 カップを水切りし、すすいでください。
- オリーブオイル 大さじ 1
- ホットカレー粉またはマイルドカレー粉 小さじ 1
- 乾燥タイム 小さじ 1
- オールスパイス 小さじ 1/4
- 低ナトリウム塩 小さじ 1/2
- 角切りトマトの 14.5 オンス缶（水を切ります）

説明書

a) 鍋に油を熱し、玉ねぎとにんじんを 4 分ほど炒める。

b) ニンニク、サツマイモ、赤唐辛子を加え、続いてインゲン、トマト、カレー粉、タイム、オールスパイス、塩、黒胡椒を加えます。

c) 水を加えてかき混ぜ、蓋をして 30 分間煮ます。

d) 最後にココナッツミルクを加えて混ぜます。

59. 大麦と冬野菜のシチュー

4 回分が作れます

● オリーブオイル 大さじ 1
● にんじん中 2 本（みじん切り）
● 中くらいの黄玉ねぎ 1 個、みじん切りにする
● セロリリブ 1 本（みじん切り）
● ニンニク 2 片（みじん切り）
● ハトムギ 3/4 カップ
● 千切りキャベツ 4 カップ
● 中くらいのラセットポテト 1 個、皮をむいて 1/2 インチのサイコロ状に切る
● スライスしたクレミニまたはホワイトマッシュルーム 1 カップ
● 醤油 大さじ 1
● 乾燥タイム 小さじ 1
● 乾燥ディルウィード 小さじ 2
● 塩と挽きたての黒胡椒
● 野菜スープ 3 カップ

a) 大きな鍋に油を中火で熱します。にんじん、玉ねぎ、セロリを加えます。蓋をして柔らかくなるまで約 10 分間煮ます。
b) にんにくを加え、香りが出るまで 1 分間炒めます。
c) 大麦、キャベツ、ジャガイモ、キノコ、醤油、タイム、ディルウィード、塩コショウを加えて味を調えます。スープをかき混ぜて沸騰させます。
d) 火を弱め、豆を加え、大麦が火が通り野菜が柔らかくなるまで、蓋をせずに約 45 分間煮ます。

e) 味を見て、スープの塩味に応じて必要に応じて調味料を調整します。すぐにお召し上がりください。

60. 豆とチョリソのシチュー

作る: 3

材料

- にんじん 1 本（角切り）
- オリーブオイル 大さじ 3
- 中くらいの大きさの玉ねぎ 1 個
- 赤ピーマン 1 個
- 乾燥フェイブズ豆 400g
- チョリソーソーセージ 300 グラム
- ピーマン 1 個
- パセリ 1 カップ（みじん切り）
- トマト（角切り） 300g
- チキンストック 2 カップ
- 鶏もも肉（フィレ） 300 グラム
- ニンニク 6 片
- 中くらいの大きさのジャガイモ 1 個（角切り）
- タイム 大さじ 2
- 塩 大さじ 2（お好みで）
- コショウ 大さじ 1

説明書

e) 鍋に植物油を注ぎます。玉ねぎを入れます。中火で 2 分間揚げます。

f) 大きなミキシングボウルに、ニンニク、ニンジン、ピーマン、チョリソ、鶏もも肉を入れて混ぜます。調理には 10 分ほどかかります。

g) タイム、チキンストック、豆、ジャガイモ、トマト、パセリを加え、塩とコショウで味を調えます。

h) 30分間、または豆が柔らかくなり、シチューが濃くなるまで煮ます。

61. ライトレンズ豆のシチュー

材料

- 茶色がかったレンズ豆　250ｇ
- ズッキーニ　1 個
- ニンジン　2 本
- 玉ねぎ　1 個
- ニンニク　1 片
- 月桂樹の葉　1 枚
- 小さな枝トマト　2 個
- 生姜　1 片
- オリーブオイル　小さじ 3
- コリアンダーまたはパセリ　2 枝
- 塩とコショウ

説明書

d) 野菜を準備します。まず、玉ねぎとにんにくの皮をむき、みじん切りにします。次に、生姜の皮をむき、細かく刻みます。最後に、ニンジンの皮をむき、ズッキーニを洗って取り出し、立方体に切ります。

e) 野菜を炒めます。キャセロールに油小さじ 2 を熱し、玉ねぎとにんにくの半量を加えて 3〜4 分ほど炒めます。次に、生姜、ローリエ、ニンジン、ズッキーニを加え、少し炒めます。

f) レンズ豆を調理します。野菜を炒めたらレンズ豆を加えます。3/4 リットル（750 ml）の水で蓋をし、レンズ豆が柔らかくなるまで弱火で 45 分間調理し、保存します。

プレートを組み立てる

g) 最後にトマトを洗って乱切りにします。残りの玉ねぎとニンニクと混ぜ、塩、コショウ、残りの油で味付けします。レンズ豆を 4 つのボウルまたはボウルに分け、トマトハッシュとコリアンダーまたはパセリの葉を加えます。

h) 新鮮で超時短バージョンが必要な場合は、レンズ豆を煮込む代わりに、すでに調理済みのレンズ豆を購入してサラダを作ることもできます。

i) 野菜を少し炒める必要がありますが、アルデンテを保つためにあまり炒めすぎないでください。そして、すでに調理されて水気を切ったレンズ豆とトマトハッシュと混ぜます。

62. レンズ豆の黒豆シチュー

材料

- 玉ねぎ中 1 個（みじん切り）
- にんじん中 1 本（みじん切り）
- じゃがいも中 1 個（角切り）
- 水 5 カップ
- 乾燥レンズ豆フレーク 1 カップ
- 黒豆スープフレーク 1 カップ
- ホットソース 大さじ 2

説明書

a) 鍋に玉ねぎとジャガイモを入れ、水を加えて火にかける。2 分間煮ます。

b) ニンジンを加えます。2 分間煮ます。

c) フレークを加えてかき混ぜます。火を止めて蓋をし、5 分ほど蒸らします。スプーンでかき混ぜ、必要に応じてさらに水を加えます。

d) ホットソースを加えてお召し上がりください。

63. レンズ豆とバターナッツスカッシュのシチュー

製造数: 4

材料

- 茶色のレンズ豆 225g（水に浸したもの）
- 茶色の玉ねぎ 2 個
- 小麦不使用野菜ストック 750ml
- ニンジン 4 本
- バターナッツスカッシュ 1/2 個
- サツマイモ 1 個
- 白いジャガイモ 2 個
- セロリ 1 本
- 新鮮なエンドウ豆 一握り
- クレソン 一握り
- 新鮮なディル 大さじ 2
- タマリソース 小さじ 1

説明書

a) 鍋にだし汁と玉ねぎを入れて沸騰させます。

b) レンズ豆、ジャガイモ、カボチャ、ニンジンを加え、15 分間煮ます。

c) セロリ、新鮮なエンドウ豆、葉、ディルを加えます。

64. アシュワガンダ・ダル

製造数: 4

材料

ダル（レンズ豆のカレー）の材料

- オーガニックココナッツオイルバージン　小さじ 2
- 有機中玉ねぎ 1 個、小さめのさいの目切り
- 有機カレーペースト
- 野生細工のアシュワガンダ　小さじ 2
- 有機タマリまたは有機ココナッツアミノ　小さじ 1
- 有機メープルシロップ　小さじ 1
- 有機タマリンドピューレ　小さじ 1
- 有機トマト（中）1 個（みじん切り）
- 半分に刻んだ有機インゲンまたはその他のインゲン　1/2 カップ
- 有機赤レンズ豆（マソールダル）　¾カップ
- 牧草で育てた牧草で育てた牛骨スープまたはお好みの液体　3〜4 カップ
- 有機味噌　小さじ 1
- 有機ケール 2 本の茎（みじん切り）
- オーガニックココナッツバターまたはココナッツヨーグルト/ケフィア　1/3 カップ
- 海塩と有機黒胡椒をお好みで
- 刻んだ新鮮な有機コリアンダーと絞りたての有機レモンジュースをお召し上がりください

テンパリングスパイス

- オーガニックバージンココナッツオイル　大さじ 1

- 有機カシミールまたはその他の乾燥唐辛子　1 本
- 有機マスタードシード　小さじ 1
- 有機フェヌグリーク種子　小さじ 1
- 乾燥または生のオーガニックカレーリーフ　6 枚

説明書

a) まずはカレーペーストを作ります。ライム、生姜、ニンニク、チリ、クミン、カレーリーフ、レモングラス、刻んだココナッツ、海塩、黒コショウなどのカレーの材料をすべてフードプロセッサーに入れます。1/2 カップの水を加えて薄めます。ペースト状になるまで混合物を数分間ブレンドし、時々手を止めて側面をこすり落とします。お好みの粘稠度を得るために、必要に応じて水をさらに数滴加えます。完成したカレーペーストを小さなボウルに移し、脇に置いておきます。

b) ダル（レンズ豆のカレー）を作ります。大きな底の厚い鍋にココナッツオイルを入れて中火で加熱します。玉ねぎを加え、柔らかく半透明になるまで約 4 分間炒めます。

c) カレーペーストをすべて加え、玉ねぎに均一にコーティングするようにかき混ぜ続けます。スパイスの香りが立つまで 30 秒ほどかき混ぜます。

d) アシュワガンダ、タマリ、メープルシロップ、タマリンド、トマト、インゲン、赤レンズ豆を加え、オイルとスパイスが均一にかかるようにかき混ぜます。鍋の底にある茶色くなった部分をこすり落とします。混合物に塩とコショウで味付けします。ボーンブロスを注ぎ、さらに数回かき混ぜて混ぜ合わせます。

e) 鍋に蓋をして沸騰させます。火を弱めて煮込み、蓋をして約 30 分間、またはレンズ豆に火が通るまで煮ます。

f) その間に、スパイスのトッピングを調整します。小さなソテーパンでココナッツオイルを中火にかけ、加熱します。チラチラし始めたら火を中弱火に下げます。カシミール唐辛子、マスタードシード、フェヌグリークシード、カレーリーフを加えます。焦げないように様子を見ながら、熱い油の中に約 1 分間放置します。種が香りが出て弾けたら、火から下ろし、スパイスが焦げるのを避けるためにすぐに鍋を脇に置きます。

g) この時点で、ダルはグツグツと沸騰し、かなり冷めているはずです。鍋を火から下ろします。レンズ豆のさらなる分解を促すために、ダルを激しく泡立てます。味噌、ココナッツバター、刻んだケールを加え、ケールが余熱でしおれ始めるまで混ぜます。

h) テンパリングしたスパイスとオイルをダルの上にそっとスプーンですくいます。お好みで軽く混ぜても良いです。ダルをボウルに取り分けて、お好みでその上にテンパリングしたスパイスを飾ることもできます。ダルに新鮮なコリアンダーを飾ります。レモンウェッジやお好みのトッピングを添えて、温かいままお召し上がりください。

65. コーンのクリームシチュー

作る量：スープ 2 杯

材料

- 切りたてのトウモロコシ粒　2 カップ
- 新鮮なスライス玉ねぎ　1/4 カップ
- ニンニク　1 片
- ココナッツオイル　大さじ 1
- 植物ベースのクリームスープの素　1 レシピ

説明書

a) 大きなフライパンにココナッツオイルを入れてコーン、玉ねぎ、にんにくを 5 分ほど炒めます。

b) この混合物をブレンダーで、冷却した植物ベースのクリームスープベースと混ぜ合わせます。

c) すぐにお召し上がりください。

66. サザンサコタッシュシチュー

出来上がり量：4 人分

材料

- 10 オンスのテンペ
- オリーブオイル　大さじ 2
- 大きくて甘い黄玉ねぎ　1 個、細かく刻む
- 中くらいのラセットポテト　2 個、皮をむいて　1/2 インチのサイコロ状に切る
- 14.5 オンス缶の角切りトマト、水気を切る
- 16 オンスのパッケージ冷凍サコタッシュ
- 野菜スープ　2 カップ醤油　大さじ 2
- ドライマスタード　小さじ 1
- 砂糖　小さじ 1
- 乾燥タイム　小さじ 1/2
- オールスパイス　小さじ 1/2
- カイエンペッパー粉　小さじ 1/4
- 塩と挽きたての黒胡椒

説書

a) 沸騰したお湯の中鍋でテンペを 30 分間調理します。水を切り、軽くたたいて乾燥させ、1 インチのサイコロ状に切ります。

b) 大きめのフライパンに油大さじ 1 を中火で熱します。テンペを加え、両面に焼き色がつくまで約 10 分焼きます。脇に置いておきましょう。

c) 大きな鍋に残りの大さじ 1 の油を中火で加熱します。玉ねぎを加え、柔らかくなるまで 5 分間煮ます。ジャガイモ、ニンジン、トマト、サコタッシュ、スープ、醤油、マスタード、砂糖、タイム、オールスパイス、カイエンペッパーを加えます。塩とコショウで味を調えます。沸騰したら弱火にしてテンペを加えます。蓋をして、野菜が柔らかくなるまで、時々かき混ぜながら約 45 分間煮ます。

d) シチューの調理が完了する約 10 分前に、液体スモークを加えてかき混ぜます。味を見て、必要に応じて調味料を調整する

魚介類のシチュー

67. 塩魚の煮付け

製造数: 6

材料

- 塩漬けタラ/バカラオ 12 オンス
- 玉ねぎ 1 個 （薄くみじん切り）
- 牛肉トマト 1 個 （角切り）
- ピーマン 1 個 （みじん切り）
- 植物油 大さじ 2
- ピーマン 3 個 （みじん切り）
- 唐辛子 1 個 （みじん切り）
- 黒コショウ 小さじ 1/4
- にんにく 4 片 （みじん切り）
- コリアンダー 4 枚刃、みじん切り
- セロリの茎 1 本 （みじん切り）
- ねぎ 2 本 （みじん切り）
- タイムフレーク 大さじ 1
- 塩をひとつまみ

説明書

a) 塩魚に水をかぶせて 20 分ほど浸し、水を切ります。

b) 鍋に油を熱します。

c) 唐辛子、ピーマン、ニンニク、タマネギ、セロリ、ネギなどの刻んだ野菜を加えます。

d) 塩魚を鍋に加えます。

e) 残りのコリアンダー、トマト、黒コショウを加えます。

f) さらに 5 分間調理した後、火から下ろします。

68. タラのオイルダウンシチュー

出来上がり量: 4 人分

材料

- タロイモの葉　1/2　ポンド（みじん切り）
- タイム　2 本
- 1.5 ポンドの塩漬けタラを細かく切り、よく洗います。
- セロリ　2 本
- にんじん 2 本をスライスする
- パンノキ　1 個（皮をむき、細かく切る）
- 細かく刻んだチャイブの茎　数本
- ターメリック　小さじ 1
- ピーマン　1 個（細かく刻む）
- 玉ねぎ 2 個は薄切りにする
- ナツメグ　小さじ 1/2
- 細かく刻んだ新鮮なパセリ　大さじ 2
- ニンニク　2 片を潰す
- 赤唐辛子　2 個を薄く角切りにする
- 細かくすりおろした新生姜　大さじ 1
- ココナッツミルク　1/2 カップ
- 生クリーム　1 カップ
- 塩
- コショウ
- キャノーラ油　大さじ 3

説明書

a) 鉄鍋で玉ねぎを中弱火で炒めます。

b) 唐辛子、ニンニク、チャイブ、生姜、タイム、パセリを加え、頻繁にかき混ぜながら 1 分間煮ます。

c) パンノキ、ニンジン、ピーマン、セロリ、タロイモの葉を加えます。

d) 中火〜強火で絶えずかき混ぜながら 5 分間煮ます。

e) ココナッツミルク、生クリーム、ナツメグ、ターメリックを加えます。

f) 味付けに塩、コショウを加えます。

g) ソースが少なくなるまで 50 分間煮ます。

69. スロークッカートラウトシチュー

出来上がり量：4 人分

材料
- 4 マス
- オールスパイス　小さじ 1
- パプリカ　小さじ 1
- コリアンダー　小さじ 1
- オリーブオイル　大さじ 2
- ネギ　6 本（厚めにスライス）
- 赤ピーマン　1 個（みじん切り）
- トマト　2 個（粗く刻む）
- 乾燥チリフレーク　小さじ 1
- タイム小さじ 1
- フィッシュストック　1 カップ
- 塩とコショウの味
- 提供するパン

説明書
a) スパイスを混ぜ合わせてマスの上に振りかけます。

b) フライパンに油を熱したところにマスを入れ、焼き色がつくまで焼きます。

c) スロークッカーの鍋に並べます。

d) 残りの材料と残りのスパイスを加え、沸騰させます。

e) マスを 2 時間調理します。

f) パンと一緒にお召し上がりください。

70. 魚のブラウンシチュー

出来上がり量: 2 人分

材料
魚のために
● ピンクソルト　小さじ 1
● 鯛やオウムなどの丸ごとの魚　2 匹
● 魚の調味料　大さじ 1 と 1/2
● 黒コショウ　小さじ 1
ブラウンシチューグレービーソースに
● タイム　8 本
● ピメントベリー　8 個
● 赤ピーマン　1/2 個　（スライス）
● オレンジピーマン　1/2 個
● にんじん中千切り　1 本
● 自家製ブラウニングソース　大さじ 1 と 1/2
● 魚の調味料　小さじ 1
● 揚げ物用オリーブオイル
● 玉ねぎ　1 個　（スライス）
● ねぎ　2 本　（みじん切り）
● ニンニク　4 片　（みじん切り）
● トマトペースト　大さじ 3
● 乳製品不使用バター　大さじ 2
● 熱湯　1 と 1/2 カップ

説明書

a) 魚の両面に魚調味料、黒胡椒、塩をすり込みます。

b) テフロン加工の大きめのフライパンまたはスキレットに油を入れ、熱くなるまで加熱します。

c) フライパンに魚を入れて中火にし、両面を焼きます。

d) 鍋を火に戻す前に油を切ってください。

e) フライパンに小さじ 2 杯の油を加え、玉ねぎ、にんにく、ピーマン、にんじん、ねぎ、ピーマン、タイム、スコッチボンネットを加えて 2〜3 分間炒めます。

f) 水、焼きソース、小さじ 1 杯のフィッシュスパイスを加えます。

g) 最後に魚を加え、バターを点在させて料理に溶け込ませます。

h) 鍋に蓋をし、10 分間煮ます。

i) 定期的に魚に下味を付けて、肉汁を魚に染み込ませます。

j) 提供してお楽しみください。

71. イカとフェンネルのシチュー

製造数: 4

材料

● エキストラバージンオリーブオイル大さじ 3、さらに小雨用に追加

● 玉ねぎ 1 個 （皮をむき、みじん切りにする）

● ニンニク 4 片 （皮をむき、細かくスライス）

● 小さなフェンネルの球根 1 個 （トリミングして細かくスライス）

● チリフレーク 小さじ 1/2

● フェンネルシード 小さじ 2

● 甘いスモークパプリカ 小さじ 1

● ローズマリーの小枝 3 本、葉を細かく刻む

● 辛口白ワイン 150ml

● カットトマト 400g 缶 2 個

● きれいなイカ 600g、またはきれいなイカとむきエビの混合物

● バタービーンズ 400g 缶 2 個 （水気を切り、すすいだ）

● 種抜きカラマタオリーブ 100g 平らな葉のパセリ ひと掴み （粗く刻む）

● 海塩と挽きたての黒胡椒

説明書

a) 焦げ付き防止の大きなソテーパンを中火にかけます。温まったら油と玉ねぎを加えて 2〜3 分炒めます。にんにくを加え、さらに 2 分間炒めます。スライスしたフェンネル、唐辛子、フェンネルシード、パプリカ、ローズマリーを加え、3〜4 分間調理します。

b) 熱を高め、ワインを加え、半分になるまで待ってからトマトを鍋に加えます。沸騰させて 10 分間煮ます。

c) その間にイカの準備をします。イカ管の長辺を切り落とし、平らに広げます。鋭利なナイフで果肉の内側に軽く切り込みを入れ、5〜7cm の幅に切ります。

d) イカを鍋に加え、時々かき混ぜながら 5〜6 分間煮ます。

e) バタービーンズとオリーブを加え、さらに 2〜3 分間調理します。味を調えて火から下ろし、パセリを加えて混ぜます。

f) シチューを温かいボウルにスプーンで移し、エキストラバージンオリーブオイルをかけて、カリカリのパンとシンプルなサラダを添えます。

72. 魚のチリシチュー

製造数: 4

材料

- 玉ねぎ 1 個（みじん切り）
- フェンネルの球根 2 個（みじん切り）
- 赤唐辛子 1 本（細かく刻む）
- プラムトマト缶 1 個
- オリーブオイル 大さじ 6
- フェンネルシード 小さじ 1（粉砕）
- ニンニク 2 片（みじん切り）
- 白身魚の切り身 1 ポンド
- 3 オンスのトーストアーモンド、粉砕
- 野菜ストック 3 オンス
- スイートパプリカパウダー 小さじ 1/2
- 新鮮なタイムの葉 大さじ 1
- サフランの束 小さじ 1
- 新鮮な月桂樹の葉 3 枚
- キヌアと春野菜
- レモン 1 個、くし形に切る

説明書

a) 玉ねぎ、フェンネル、唐辛子、砕いたフェンネルシード、ニンニクを蒸します。

b) パプリカ、タイム、サフラン、月桂樹の葉、トマトを加えます。

c) 野菜ストックと一緒に煮込みます。

d) アーモンドと一緒に魚/豆腐をシチューに加えます。

e) 野菜、キヌア、レモンを添えてお召し上がりください。

73. フィッシュチャウダーシチュー

生産数: 8

材料

- 32 オンスの角切りトマト缶
- オリーブオイル　大さじ 2
- みじん切りセロリ　1/4 カップ
- フィッシュストック　1/2 カップ
- 白ワイン　1/2 カップ
- スパイシーな V8 ジュース　1 カップ
- みじん切りの緑ピーマン　1 個
- 玉ねぎのみじん切り　1 個
- ニンニクのみじん切り　4 片
- 塩コショウで味を整える
- イタリアンシーズニング　小さじ 1
- 皮をむいてスライスしたニンジン　2 本
- 2 1/2 ポンドのカットアップティラピア
- 皮をむいて背ワタを取り除いたエビ　1/2　ポンド

説明書

a) 大きな鍋で、最初にオリーブオイルを加熱します。

b) ピーマン、玉ねぎ、セロリを熱したフライパンで 5 分ほど炒めます。

c) その後、ニンニクを加えます。その後 1 分ほど煮ます。

d) 大きなミキシングボウルで、シーフードを除く残りの材料をすべて混ぜ合わせます。

e) シチューを弱火で 40 分間煮ます。

f) ティラピアとエビを加えて混ぜ合わせます。

g) さらに 5 分間煮ます。

h) 食べる前に味見をして調味料を調整してください。

74. 中華風シチュー

出来上がり量: 8 人分

材料

- 魚、ロブスター、カニ
- セロリ
- 豆
- 炊き上がった米 1 カップ
- きのこ
- ピーナッツ
- 油
- 玉ねぎ
- ブロッコリー

説明書

a) 中華鍋に油を中火で熱します。

b) 玉ねぎ、セロリ、キノコの順に炒めます。それぞれ取り出します。

c) 次にインゲン、ブロッコリー、ピーナッツを炒めます。

d) 最初のバッチを追加してから、魚を追加します。

e) 最後にお米 1 カップを加えて 1 分ほど蒸します。

f) 仕える。

75. バハマフィッシュシチュー

出来上がり量: 4 人分

材料
- 水 4 カップ
- 塩 小さじ 1
- ジャガイモ 2 個。半分に皮をむき、角切りにする
- バター 小さじ 1
- にんじんのスライス 1/2 カップ
- ベーコン 4 枚
- 生または漬けたタバスコペッパー 小 2 個
- 挽いた黒コショウ 小さじ 1/4
- 玉ねぎ 1 個（薄切り）
- オヒョウまたはスズキの骨なしフィレ 1.5 ポンド
- セロリのスライス 1/2 カップ

説明書
a) 大きな鍋に水を沸騰させ、ジャガイモ、玉ねぎ、ベーコン、塩、コショウ、みじん切りにした唐辛子を加えます。

b) セロリまたはニンジンを加えます。

c) ジャガイモが柔らかくなるまでじっくり煮て、サーモンを加えます。

d) 火を弱め、魚がほぼ火が通るまで煮ます。

e) 必要に応じて、バターを追加し、調味料を調整し、すぐにお召し上がりください。

76. エビとかぼちゃのチャウダー

出来上がり量：4 人分

材料

- 玉ねぎ 2 個（スライス）
- にんじん 2 本（薄切り）
- 新鮮なコリアンダー みじん切り 大さじ 1
- 新生姜のすりおろし 小さじ 2
- ニンニク 2 片（みじん切り）
- オールスパイス 小さじ 1/2
- オリーブオイル 大さじ 2
- チキンスープの 14 オンス缶
- かぼちゃの 15 オンス缶
- 減脂肪乳 1 と 1/2 カップ
- 冷凍、皮をむいて背ワタを取り除いた調理済みエビの解凍済み 8 オンスのパッケージ
- 殻付きの新鮮なエビを皮をむき、背ワタを取り除き、調理したもの
- 新鮮なチャイブの千切り

説明書

a) 鍋に熱した油を入れ、玉ねぎ、にんじん、コリアンダー、生姜、にんにく、オールスパイスを中火で 14 分間、または野菜が柔らかくなるまで炒めます。

b) 混合物をフードプロセッサーのボウルに移します。

c) チキンスープ 1/2 カップを加えます。

d) ほぼ滑らかになるまで処理します。

e) 同じ鍋にかぼちゃ、牛乳、残りの煮汁を入れて混ぜます。

f) 8 オンスのエビと混ぜ合わせた野菜混合物を加え、火を通します。

g) シチューを皿に注ぎます。

h) 刻んだチャイブを飾ります。

77. ロブスターのシチュー スパイシーなフリッター添え

出来上がり量：4 人分

材料

● オリーブオイル　大さじ 1

● 1 ポンドのチョリソーソーセージ（スライス）

● 玉ねぎ（千切り）　2 カップ

● ロブスター、エビ、または魚のストック　8 カップ

● 皮をむいたニンニク　12 片（丸ごと）

● 青唐辛子　2 本（薄い輪切り）

● コラード、マスタード、カブ、フダンソウ、タンポポ、ビーツの葉、ほうれん草など、ざく切りにした各種野菜　3 カップ

● みじん切りトマト　2 カップ

● オレンジ　3 個（果汁を絞ったもの）

● イセエビまたはメインロブスター　2 個、半分に切る

● 塩

● 砕いた赤唐辛子のフレーク

● ココナッツミルク　1/2 カップ

● 細かく刻んだ新鮮なコリアンダーの葉　大さじ 2

● スパイシーフリッターのレシピ　1 件

● レシピ 1 レッドペッパーマヨネーズ

説明書

a) 大きめの鍋にオリーブオイル大さじ 1 を入れ、中火で温めます。

b) ソーセージと玉ねぎを加え、2 分間調理します。

c) だし汁、ニンニク、唐辛子を加えて混ぜながら沸騰させます。

d) 60 分間煮ます。

e) ロブスターの半分、野菜、トマト、オレンジジュースを加え、塩と赤唐辛子のフレークで味付けします。

f) 30 分間煮ます。

g) ココナッツミルクとコリアンダーを加えてかき混ぜます。

h) ロブスターの半分をそれぞれの小さなボウルに置きます。

i) ロブスターにスープをかけていただきます。

j) フリッターと少量のマヨネーズを飾りとして加えます。

78. サバの概要

メイク: 3-4

材料
- 塩サバ 2 ポンド
- ココナッツミルク 1 缶半
- 玉ねぎ 1 個（みじん切り）
- ニンニク 2 片
- ラッキョウの茎 2 本
- グリーンスコッチボンネットペッパー 1 個
- トマト 2 個（みじん切り）
- タイム 3 本
- 塩
- ブラックペッパー

説明書
a) サバを沸騰したお湯で 35 分間茹でます。

b) サバは水気を切ってほぐしておきます。

c) ソテーパンで、ココナッツミルクをカスタード状に濃くなり、油がカスタードから分離するまで沸騰させます。

d) サバを加えて中火で 10 分ほど煮る。

e) 食べ物に塩とコショウを加えて味を調えます。

f) かき混ぜ、蓋をし、弱火でさらに 10 分間煮ます。

79. エビのペッパーシチュー

作る：10

材料
- スライスした冷凍オクラの 10 オンスのパッケージ
- ココナッツクリーム（缶詰） 1 カップ
- ライムスライス 10 枚
- 新鮮なほうれん草、みじん切り 1 カップ
- 砕いたローズマリー 小さじ 1/2
- ニンニクのみじん切り 小さじ 1/4
- 玉ねぎのみじん切り 1/4 カップ
- 塩 小さじ 1
- タイムの葉 小さじ 1/2 （細かく砕く）
- マジョラム 小さじ 1/2 （砕いたもの）
- 挽いた赤唐辛子 1 つまみ
- ピーマン 1 カップ （種を取り、みじん切りにする）
- チキンストック 6 カップ
- エビ 2 ポンド （皮をむき、背わたを取り除いたもの）

説明書
a) ストックポットにオクラ、ほうれん草、ピーマン、玉ねぎのみじん切り、塩、マジョラム、ローズマリー、ニンニクのみじん切り、赤唐辛子、チキンストックを入れます。

b) 沸騰させます。

c) 火を弱めて蓋をし、30 分間煮ます。

d) ココナッツミルクとエビを加えます。

e) 5 分間、またはエビが調理されるまで煮ます。

f) 付け合わせとしてライムのスライスを添えてください。

80. 魚の茶煮

出来上がり量：3 人分

材料

- 580g 酢洗いした鮮魚
- かぼちゃ 100g 皮をむき、みじん切りにする
- 黄山芋 240g 皮をむき、みじん切りにする
- 玉ねぎのみじん切り 40g
- ねぎのみじん切り 35g
- チョチョ/ハヤトウリ、みじん切り 160 g
- スコッチボンネットペッパー 1 個
- オクラ 100g 2 つに切る
- にんじんの角切り 70g
- 塩 小さじ 1 と 1/2 またはお好みで
- ニンニク 2 片 みじん切り
- 3 タイムの小枝
- ピメントベリー/オールスパイス 5 個
- フィッシュティーヌードルミックス 1 パック
- 水 4 1/2 カップ

魚を洗うには

- レモンまたはライム 1 個 魚を洗うため
- 酢 小さじ 1 魚を洗うため
- 水

説明書

a)   シチューポットに魚、熱湯 2.5 カップ、玉ねぎ、ニンニク、ネギ、塩小さじ 1 杯を入れます。

b)   火を中火にし、10〜15 分間、または柔らかくなるまで沸騰させます。

c)   調理済みの魚を鍋から取り出し、骨を取り除きます。

d)   ニンジン、ヤムイモ、カボチャ、チョーチョ、タイム、ピメント、スコッチボンネットペッパーと一緒に十分な水を加えます。

e)   蓋をして沸騰するまで加熱します。

f)   小さじ 4 杯の冷水を混合物に加えます。

g)   蓋をして中火〜弱火で 30〜35 分煮ます。

h)   途中で魚とオクラを加え、タイムとスコッチボンネットペッパーの茎を取り出して盛り付けます。

ゲームシチュー

81. ウサギと落花生のシチュー

出来上がり量：6 人分

材料
- 塩豚、角切り 2 オンス
- ウサギの肉 2.5 ポンド（皮をむいて細かく切ります）
- グラウンドマジョラム 小さじ 1/4
- パセリの小枝 1 本
- 塩
- 玉ねぎ 1 個（みじん切り）
- にんにく 1 片（みじん切り）
- チキンストック 2 カップ
- ピーナッツバター 1/2 カップ
- ナツメグ粉末 小さじ 1/4
- 月桂樹の葉 1 枚
- 挽いたタイム 小さじ 1/4
- コショウ
- セラーノ唐辛子 2 本
- ホットペッパーソース

説明書
a) 鍋に塩豚を溶かす。

b) パチパチと取り出し、溶かした脂でウサギを調理します。

c) 玉ねぎとにんにくを加えて炒め、柔らかくなるまで煮ます。

d) だし汁と月桂樹の葉、タイム、マジョラム、パセリ、塩、コショウを加えて味を調えます。

e) ウサギが柔らかくなるまで、蓋をして弱火で約 1 時間煮ます。

f) 調理液を 2 カップ排出します。

g) 1 カップをチリ、ピーナッツバター、ナツメグと滑らかになるまでブレンドまたは加工します。

h) 2 杯目の調理液を加えてかき混ぜ、ピーナッツバター混合物を 15 分間煮ます。

i) ウサギの部分を加えて 3 分間調理します。

82. ウサギのトマト煮込み

作る：5

材料

- ウサギ 1 匹（丸ごとカット）
- 月桂樹の葉 1 枚
- 玉ねぎ 大 2 個
- ニンニク 3 片
- オリーブオイル 大さじ 2
- スイートパプリカ 大さじ 1
- 新鮮なローズマリー 2 本
- トマト缶 1 缶
- タイム 1 小枝
- 白ワイン 1 カップ
- 塩 大さじ 1
- コショウ 大さじ 1

説明書

a) フライパンにオリーブオイルを入れて中火で加熱します。

b) 油を予熱し、ウサギの塊を加えます。均等に茶色になるまで揚げます。

c) 終わったら取り外してください。

d) 玉ねぎとにんにくを同じ鍋に加えます。完全に柔らかくなるまで調理します。

e) 大きなミキシングボウルに、タイム、パプリカ、ローズマリー、塩、コショウ、トマト、月桂樹の葉を入れて混ぜます。調理には 5 分ほどかかります。

f) ウサギの塊をワインと混ぜます。蓋をして 2 時間、またはウサギの塊が調理され、ソースが濃くなるまで調理します。

g) フライドポテトやトーストと一緒にお召し上がりください。

83. 鹿肉のシチュー

材料

● ポブラノペッパー 大 1 個

● ハラペーニョ 1〜2 個

● 殻を取り除いたフレッシュトマティーロ 6 個

● みじん切りにした白玉ねぎ 1 1/2 カップ (375 mL) (大きめの玉ねぎ 1 個)

● 小さじ 1 杯。粉末クミン (5 mL)

● 大さじ 2。オリーブオイル（30mL）

● 4 本穂のフレッシュトウモロコシ

● ニンニク 3 片（みじん切り）

● チキンブロスまたは鶏ガラスープ 4 カップ（1L）

● ⅔ カップ (150 mL) フレッシュライムジュース (約 7 個)

● 小さじ 1 と 1/2。塩 (7 mL)

● 小さじ 1 杯。挽いた黒コショウ (5 mL)

● 皮と骨を取り除いた鶏もも肉または胸肉 680 g（1.5 ポンド）を 2.5 cm（1 インチ）の塊に切ります。

説明書

a) オーブンを 425°F (220°C) に予熱します。最初の 3 つの材料を、アルミホイルを敷いた大きな縁のあるベーキングシートに並べます。425°F (220°C) で 25 分間、または野菜が柔らかくなり、皮が膨れ始めるまで、5 分ごとにピーマンを裏返しながら焼きます。オーブンから野菜を取り出します。ピーマンを小さなボウルに移します。ボウルをラップで覆い、20 分間放置します。トマティージョは、扱えるくらい冷めるまで天板の

上に置いておきます。トマティーロを粗く刻み、中くらいのボウルに入れます。

b) ピーマンは 20 分間放置した後、皮をむき、種を取り、みじん切りします。トマティージョに加えます。

c) 6 クォート (6 L) のステンレス鋼またはホーローダッチ オーブンで、玉ねぎとクミンを熱いオリーブ オイルで中強火で 12 分間、または玉ねぎが柔らかくなるまで炒めます。

d) トウモロコシの粒の先端を大きなボウルに切ります。穂軸からミルクと残りの果肉をこすり取ります。ダッチオーブンで玉ねぎにトウモロコシとニンニクを加えます。絶えずかき混ぜながら 5 分間調理します。みじん切りのピーマン、みじん切りのトマティーヨ、チキンスープ、そして次の 3 つの材料を加えて混ぜます。

e) 沸騰させます。火を弱め、蓋をせず、頻繁にかき混ぜながら 5 分間煮ます。鶏肉を加えてかき混ぜます。強火で沸騰させます。5 分間沸騰させます。暑さから削除。

f) 熱いブロス スープを熱い瓶に注ぎ、1 インチ (2.5 cm) の上部スペースを残します。気泡を取り除きます。瓶の縁を拭きます。瓶の中央の蓋。バンドをかけて指先で締める程度に調整します。180°F (82°C) の 2 インチ (5 cm) の沸騰したお湯が入った圧力缶詰容器のラックに瓶を置きます。すべての瓶がいっぱいになるまで繰り返します。

g) 缶詰容器に蓋を置き、ロック位置まで回します。火加減を中～強に調整します。10 分間蒸気を抜きます。

h) カウンターウェイトまたはウェイトゲージを通気口に置きます。圧力を加重ゲージ缶詰機の場合は 10 ポンド (4.5 kg) (psi)、ダイヤルゲージ缶詰機の場合は 11 ポンド (454 g) (psi) にします。

i) 1 パイント (500 mL) の瓶を 1 時間 15 分間、または 1 クォート (1 L) の瓶を 1 時間 30 分間処理します。火を止めてください。缶詰缶を圧力がゼロになるまで冷却します。蓋を外す前にさらに 5 分間放置します。

j) 缶詰瓶を 10 分間冷やします。瓶を取り出して冷まします。

84. 挽いたバイソンと野菜のシチュー

分量: 5〜6 人分

材料

- 1 ポンドのグランドバイソン

- アボカドオイル　大さじ 1〜2

- にんじん　3 本（2 カップ）、みじん切り

- セロリの茎　3 本（1 カップ）、スライス

- 大きめの白いサツマイモ　2 個（2 カップ）、みじん切りにする

- 塩　小さじ 1/2

- ターメリック　小さじ 2

- チキンスープ　3 カップ

- ピューレにしたバターナッツスカッシュ　1 1/2 カップ

- ケール　3 カップ（みじん切り）

- フレッシュパセリ、トッピング（オプション）

方向

a) 大きな鍋を中火で加熱し、粉砕したバイソンを加えます。肉に火が通ったら、鍋から取り出して横に置きます。

b) 大きなストックポットにアボカドオイルを入れて中火で加熱します。火が通ったら、みじん切りにしたニンジンとセロリを加えます。約 8 分間炒めます。

c) 白いサツマイモ、塩、ターメリックを加え、材料を混ぜます。さらに 10 分間、または野菜が少し柔らかくなるまで、定期的にかき混ぜながら中火で材料を調理し続けます。

d) スープ、ピューレにしたバターナッツかぼちゃ、ケール、バイソンを加えます。すべての材料を一緒にかき混ぜ、弱火〜中火に設定し、シチューを約 30 分間煮ます。

e) シチューの準備ができたら、温めてお召し上がりになり、お好みで新鮮なパセリをトッピングしてください。

85. 鹿肉のシチュー

材料

- 6 オンス　赤身のベーコン

- ¾c. 小麦粉　1/2t。小麦粉 t。コショウ

- 3 ポンド 4 オンス　鹿肉、角切り

- 玉ねぎ　1 ポンド（みじん切り）

- にんじん　1 ポンド（厚めにスライス）

- 種を取り除いた熟したオリーブ　大缶　1 個

- 3 1/2 c. 牛肉のスープ

- 赤ワイン

- 酢　1T

- 3 オンス　トマトペースト

- ニンニク　1 片（みじん切り）

- ¾t。タイム、砕いたもの

- 月桂樹の葉　1 枚

- c. パセリ、みじん切り

方向:

a) 小麦粉、塩、コショウを混ぜ合わせ、鹿の角切りを浚渫します。大きな鍋にベーコン、角切り鹿肉、野菜を入れます。

b) 牛肉スープと残りの材料を混ぜ合わせます。全体に注ぎ、強火で 8〜12 時間、またはフォークが柔らかくなるまで煮ます。

86. イノシシのシチュー ブルーベリー添え

材料

- １キロのイノシシ（肩または足の角切り）

- 植物油 大さじ１ 1/2

- 玉ねぎ １個（細かくスライス）

- ニンジン ２本

- １ オレンジ (オーガニック)

- ニンニク １片

- クローブ １個

- シナモンスティック １本

- ジュニパーベリー ４個

- ナツメグ ２つまみ

- 月桂樹の葉 ２枚

- コニャック 大さじ２

- 赤ワイン（１リットル）

- ビーフストック 大さじ４

- ブルーベリージャム 大さじ２

- 新鮮なブルーベリー 200 グラム

- 小麦粉 大さじ 2（お好みで）

- チキンスープ

方向:

a) 角切りにした肉を油を入れたフライパンで焼き、肉を取り出して置いておきます。

b) 同じフライパンで玉ねぎ（薄切り）とにんじんを炒めます。

c) オレンジの皮、砕いたニンニク、クローブ、シナモンスティック、ジュニパーベリーを加え、塩、コショウで味付けし、ナツメグをふりかけ、ブーケガルニを加えます。

d) 肉を鍋に戻し、ブランデーを加え、必要に応じてフランベします。

87. ラビットクレオール

材料

- 大型の若いウサギまたは大人のウサギ 1 匹（4 等分）

- チキンスープまたはブイヨンキューブを水と混ぜた缶 1 缶

- または他の液体飲料

- トマトソースまたはスープ 1 缶

- 中くらいの玉ねぎ 1 個（みじん切りまたはスライス）

- みじん切り大さじ 1/2、またはニンニク粉末小さじ 1/2

- ペッパーソースまたはスパイシーペッパー 小さじ 2

- 塩、コショウ、コリアンダー、その他お好みのスパイス

方向：

a) シチューや土鍋にだし汁と調味料を混ぜて、

b) またはローストパン。

c) ウサギの肉を加えます。

d) 完了するまでゆっくりと調理します。

e) ヒント: ご飯や豆の上に添えるのが理想的です。

鶏肉のシチュー

88. カリビアンチキンシチュー

出来上がり量: 1 回分

材料

● 無塩バター　大さじ 3

● 3.5 ポンド　フライドチキン、食べやすい大きさに切る

● 新生姜みじん切り　大さじ 2

● グラウンドカルダモン　小さじ 1/4

● カブ　3 個（皮をむいて角切り）

● 種を取り、みじん切りにした新鮮なハバネロ、ハラペーニョ、またはセラ

ーノペッパー　1 個

● 塩味をお好みで

● カレー粉　大さじ 1

● 粉末ターメリック　小さじ 1

● オールスパイス　小さじ 1/4

● 玉ねぎ　2 個、くし形に切る

● チキンストック　3/4 カップ

説明書

a) 大きなスープポットを中強火にかけ、バターの半分を溶かします。

b) 鶏肉を 8〜10 分間焼き、両面に焼き色を付けます。

c) コショウと生姜を加えます。

d) 塩を加えて味を調え、残りの調味料を加えて混ぜる。

e) 玉ねぎ、カブ、だし汁 1/2 カップを加えます。

f) 蓋をして鶏肉を 40 分間、または完全に火が通るまでゆっくりと煮ます。

g) 残りのバターをソースに加え、鶏肉をご飯と一緒に盛り付けます。

89.　鴨のシチューと餃子

出来上がり量：4 人分

材料

● オリーブオイル 大さじ 1

● 玉ねぎのみじん切り 大さじ 6

● 細かく刻んだセロリ 1/4 カップ

● 細かく刻んだニンジン 1/4 カップ

● 細かく刻んだパースニップ 1/4 カップ

● 細かく刻んだカブ 1/4 カップ

● 細かく刻んだ生の鴨肉 2 カップ

● 大さじ 2 杯の皮をむきます。種を取り、刻んだトマト、

● 刻んだフレッシュバジル 大さじ 2

● みじん切りニンニク 小さじ 4

● アヒルのストック 3 カップ

● 塩 小さじ 1 と 1/2

● 挽きたての黒コショウ 1 個

- 卵 1 個

- ビール 1/4 カップ

- 小麦粉 1/2 カップ

- ベーキングパウダー 小さじ 1/2

a) 大きな鍋に油を入れて強火で熱します。玉ねぎ、セロリ、ニンジン、パースニップ、カブ大さじ 4 を加え、2 分間炒めます。鴨肉、トマト、バジル、ニンニク大さじ 1 を加えます。ストックと冷水を 1 カップ加えてかき混ぜます。小さじ 1 の塩で味付けし、ブラックペッパーミルを 3 回回し、沸騰させます。

b) 沸騰するまで火を弱め、蓋をしてアヒルに火が通って柔らかくなるまで 25 分間調理します。ボウルに卵、ビール、残りのニンニク小さじ 1、残りの塩小さじ 1/2、コショウを 2 回転、玉ねぎ大さじ 2、小麦粉、ベーキングパウダーを入れて混ぜます。滑らかになるまで生地を泡立てます。シチューの蓋を外し、勢いよく泡立つまで火を強め、スプーン一杯分のゴルフボール大の生地を約 16 杯加えます。

c) 餃子を 2 分間調理し、沸騰するまで火を弱め、さらに 1 分間調理します。召し上がり方は、お玉でシチューを浅いスープボール 4 個に入れ、その上に餃子を 4 〜 5 個乗せます。

90. サツマイモのチキンシチュー

生産数: 8

材料

● 玄米（温かい炊き込みご飯）お好みで

● カイエンペッパー　小さじ 1/4

● 乾燥タイム（小分け）　小さじ 1/2

● ピーナッツバター（クリーム状）　1/4 カップ

● 鶏がらスープ（減塩）　1 カップ

● サツマイモ、大（皮をむき、1 インチの角切り）　1

● クラッシュトマト　3 1/2 カップ

● 黒目豆（水気を切って洗い流したもの）　2 カップ

● 新生姜（みじん切り）　大さじ 2

● ニンニク（みじん切り）　6 片

● 玉ねぎ 中（薄切り）　1 個

● キャノーラ油（小分け）　小さじ 3

● コショウ 小さじ 1/4

● 塩 小さじ 1/2

● 鶏胸肉（皮なし、骨なし、角切り）2 カップ

説明書

a) 鶏肉にコショウと塩を少々ふる。鶏肉を小さじ 2 杯の油で中火でダッチオーブンで 5 分間、鶏肉がピンク色でなくなるまで焼きます。鶏肉をオーブンから取り出し、脇に置きます。

b) 同じフライパンに残った油で玉ねぎをしんなりするまで炒めます。生姜とニンニクを加えます。さらに 1 分間調理します。

c) そこにカイエンペッパー、タイム小さじ 1/4、ピーナッツバター、スープ、サツマイモ、トマト、エンドウ豆を入れて混ぜます。

d) それらを沸騰させて火を弱めます。蓋をして、ジャガイモが柔らかくなるまで 15〜20 分間煮ます。鶏肉を加えてしっかり火を通します。

e) お好みでご飯と一緒にお召し上がりください。残ったタイムをふりかける。

91.　バイエルン州のシチュー

製造数: 4

材料

- ロースター骨なし胸肉 1 個、一口大に切り、塩、コショウで味を整える
- バターまたはマーガリン 大さじ 2
- 中くらいの玉ねぎ 1 個（薄切り）
- ザワークラウト 1 ポンド（水を切っておく）
- ホールベリークランベリーソース 1 缶（16 オンス）
- 皮をむき、芯を取り、スライスした大きなリンゴ 1 個
- 刻んだクルミ 1/2 カップ（お好みで）

説明書

a) 胸肉に塩とコショウで味付けします。耐火キャセロールまたはダッチオーブンを中火にかけ、バターを溶かします。

b) 鶏肉と玉ねぎを加えます。軽く茶色になるまで約 5 分間炒めます。

c) ボウルにザワークラウト、クランベリーソース、リンゴを入れて混ぜます。鶏肉と玉ねぎをスプーンですくって軽く和えます。

d) 蓋をして中弱火で 20 分煮ます。

e) 食べる直前にくるみをふりかけます。

92. チキンとチャードのシチュー

作る：5

材料

- 骨なし、皮なしの鶏もも肉　4 枚、スライス
- ココナッツミルク　14 オンス（無糖）
- オリーブオイル（エクストラバージン）　大さじ 2
- 玉ねぎのみじん切り　1 個
- ニンニクのみじん切り　大さじ 1
- 新生姜のみじん切り　大さじ 1
- コリアンダーパウダー　小さじ 1
- パプリカ　小さじ 1
- ターメリックパウダー　小さじ 1
- クミンパウダー　小さじ 1
- みじん切りトマト　4 個
- 塩
- 黒胡椒、粗挽き
- 新鮮なスイスチャードのみじん切り　6 カップ
- 大さじ 2。絞りたてのレモン汁

説明書

a) フライパンに油を入れて強火で熱し、玉ねぎを 3～4 分炒めます。

b) 生姜、ニンニク、スパイスを加えて 1 分間炒めます。

c) 鶏肉を加えてから 4～5 分ほど煮ます。

d) トマト、ココナッツミルク、塩、黒コショウを弱火で煮ます。

e) 火を弱め、蓋をして約 10～15 分間調理を続けます。

f) フダンソウを加えてから 4〜5 分ほど煮ます。

g) 鍋を火から下ろし、レモン汁を加えます。

93. キャンプチキンシチュー

材料

- 骨なし、皮なしの鶏の胸肉、角切り 1 ポンド
- クリームチキンスープ缶 2 缶
- ベビーキャロット 1〜2 カップ
- 小さめのジャガイモ 1 缶
- 野菜缶（エンドウ豆、インゲン、またはミックス） 1 缶
- 玉ねぎ 1 個 みじん切り
- 油
- 塩/コショウ 適量

説明書

- ダッチオーブンに油を塗り、鶏肉の両面が白くなるまで焼きます。
- 残りの材料を加え、蓋をし、鶏肉に火が通り、にんじんが柔らかくなるまで、石炭の上で約 20〜30 分間煮ます。

94. ベトナムチキン

材料

- 鶏もも肉 1 ポンド
- 鶏ドラムスティック 1 ポンド
- マドラスカレー 大さじ 1
- オニオンパウダー 小さじ 1
- ガーリックパウダー 小さじ 1
- コーシャーソルト 小さじ 1
- 挽きたての胡椒
- 玉ねぎ 1 個（みじん切り）
- ニンニク 3〜4 片（みじん切り）
- レモングラスの 2 本の茎を 2 インチの小片に切ります。
- 生姜のみじん切り 大さじ 1
- 魚醤 大さじ 2
- 砂糖 大さじ 1
- マドラスカレー 大さじ 3
- チキンスープ 1 カップ
- ココナッツミルク 1 缶
- にんじん 3 本、1 インチの角切りにする
- ユーコンゴールドポテト 4〜5 個、1 インチの塊に切る

方向

a) 鶏肉をマリネするには: 鶏肉をボウルに加え、マドラスカレー大さじ 1、オニオンパウダー、ガーリックパウダー、コーシャーソルトでマリネします。残りの材料を準備している間、少なくとも 15 分間マリネします。

b) インスタントポットでソテーボタンを押し、「もっと」設定に調整します。熱くなってみましょう。

c) オリーブオイルを加え、スライスした玉ねぎを加え、玉ねぎが茶色になるまで数分間炒めます。生姜、ニンニクを加えます。肉とよく混ぜ合わせます。残りの材料とココナッツミルクの半分だけを加えます。蓋をして肉/シチューボタンを押し、20 分間時間を設定します。

d) インスタントポットが完成したら、排気するか自然に減圧し、蓋を外して残りのココナッツミルクを注ぎます。塩で味を調えます。フレンチバゲットと一緒にお召し上がりください。楽しむ！

95. スノーグースのシチュー

材料

● 角切りにしたスノーグースの肉 2 ポンド

● 新鮮なリングイニまたはフェットチーネ 2 パック

● 1 ポンドのエビ、大、未調理、皮をむく

● 大きなイタリアン ソーセージ 2 本（スパイシー、スライス）

● きのこ 1 カップ（みじん切り）

● エシャロット 4 個（みじん切り）

● 濃縮キノコのクリームスープ 1 缶

● 赤ピーマン 1 個（みじん切り）

● すりおろしたパルメザンチーズ 3/4 カップ

● セイボリー 小さじ 1

方向：

a) ガチョウ肉とソーセージをフライパンで 5 分間炒めます。

b) ドレイン。

c) 鍋にキノコのスープを入れます。ガチョウとソーセージを加えます。かき混ぜる。マッシュルーム、エシャロット、赤唐辛子、香味料を加えます。かき混ぜる。弱火で煮ます。

d) 必要に応じて液体（水/ワイン）を追加します。新鮮なキノコを使用すると、十分な水分が生成されます。少なくとも 30 分間煮て、調理と味のブレンドを完了します。

e) エビを加え、沸騰させずにさらに 3〜5 分間調理します。食べる 15 分前にパスタを準備します。

f) 大きめのボウルにパスタを入れます。シチューで覆い、パルメザンチーズを振りかけます。

96. 鶏の足のシチュー

作る：5

材料

- 鶏の足　2 ポンド
- 酢　大さじ 2
- 2 ガロンの水
- 塩　小さじ 1
- 黒コショウ　小さじ 1
- にんにく 5 片（みじん切り）
- カボチャ 1/2 ポンド角切り
- ジャガイモ 1 個
- 皮をむき、角切りにしたカリブヤム 1/2 ポンド
- にんじん 2 本
- カブ 2 個
- チョーチョーハヤトウリ 1 個
- 水餃子 1/2 個のレシピ
- タイム 1 小枝
- ねぎ 1 本（小さくみじん切り）
- かぼちゃヌードルシチュー 1 パック

説明書

a) 鶏の足を冷水と酢大さじ 2 で洗います。ドレイン。

b) 大きな鍋に肉を入れ、ニンニク、カボチャ、塩、コショウ、1 クォートの水を加えます。

c) 蓋をしたまま 45 分間煮ます。

d) 切った野菜を加えてよく混ぜます。

e) 1/2 ガロンの水を加え、蓋をし、30 分間調理します。

f) 15 分後、鍋に餃子を入れてよく混ぜます。

g) 麺、ねぎ、タイムを加えます。

h) よくかき混ぜてから、さらに 10 分間調理します。

i) 蓋を外し、よく混ぜて蓋をし、さらに 6 分間煮ます。

97. チキンシチュー

出来上がり量：6 人分

材料

- 1.5〜2 ポンドの鶏肉を一口大に切る
- 水　10 カップ　2 1/2 リットル
- 1 ポンドのかぼちゃには、みじん切りにしたバターナッツかぼちゃ 1 個を使用できます
- ジャガイモ　2 個　アイリッシュポテトまたはサツマイモ、みじん切り
- チョチョみじん切り　1 個
- にんじん 2 本みじん切り
- ねぎみじん切り　2 本
- タイム　6 本
- スコッチボンネット
- ピメントベリー　8 個

ダンプリングとスピナー向け

- グルテンフリー小麦粉　260g 2 カップ
- 水　1/2 カップ
- ピンクソルト　小さじ 1/2

説明書

a) ストックポットの水を沸騰させます。

b) 鶏肉、カボチャまたはカボチャの半分、ピメントベリーを加えます。

c) 蓋をしたまま混合物を 30 分間、または鶏肉に火が通り、カボチャまたはカボチャが柔らかくなるまで煮ます。

d) フォークを使ってカボチャまたはカボチャを潰します。

e) 餃子を作るには、中くらいのボウルに小麦粉とピンク色の塩を入れて混ぜ、水を少しずつ加えます。

f) 水と小麦粉を混ぜて生地ボールを作ります。

g) 生地を少し取り出し、手のひらに丸めます。

h) 生地ボールを円盤状に成形して、一般的に形成される団子を作成します。

i) スピナーと団子をそれぞれ沸騰したスープにそっと入れます。

j) 残りのカボチャまたはカボチャ、ネギ、チョーチョ、ジャガイモ、ニンジン、タイム、自家製コックシチューブレンド、スコッチボンネットを加えます。

k) 鍋に蓋をし、シチューを 45 分間またはとろみがつくまで煮ます。

98. チキンソース

製造数: 4

材料

- 手羽先とドラムスティック 2 ポンド
- 絞りたてのライムジュース 1/2 カップ
- にんじん 2 本 皮をむいてみじん切りにする
- セロリスティック 2 本みじん切り
- スコッチボンネット ハバネロ、セラーノ、またはハラペーニョ みじん切り 3 本
- 月桂樹の葉 4 枚
- 黒胡椒 大さじ 1
- 味付け塩 大さじ 1
- オールスパイス 大さじ 1
- 塩味をお好みで
- 油 大さじ 1
- 白または黄玉ねぎ 1 個
- 皮をむいて角切りにしたジャガイモ 2 個
- 新鮮なタイム 小さじ 2

説明書

a) ライム、調味料塩、コショウ、オールスパイス、月桂樹の葉をジップロック袋に入れて混ぜます。

b) 鶏肉を入れてよく混ぜ、12〜24 時間マリネします。

c) 大きめのダッチオーブンに油を入れ中火で加熱します。

d) 鶏肉を加え、四方に焼き色がつくまで加熱し、マリネは取っておきます。

e) 玉ねぎ、にんじん、セロリを加え、5 分間または柔らかくなるまで炒めます。

f) ジャガイモとタイムを加えます。

g) 焼き色を付けた鶏肉と取っておいたマリネ液を鍋に加えます。

h) 鍋に鶏肉が隠れるくらいの水を入れます。

i) 沸騰したら火を弱め、鶏肉が骨から落ちるまで 45 分間煮ます。

j) 鶏肉を取り出し、骨を取り除き、鶏肉を鍋に戻します。

k) 味に塩を加えます。

l) 月桂樹の葉とオールスパイスの実を取り出します。

m) ジョニーケーキ、エクストラライム、オールドサワーと一緒にお召し上がりください。

99. 鶏肉と野菜のシチュー

出来上がり量: 4 人分

材料

- 玉ねぎのみじん切り 1 カップ
- みじん切りセロリ 1/2 カップ
- 赤ピーマンと緑ピーマン、角切り 1/2 カップ
- 乾燥タイム 小さじ 1/2
- 水 1 カップ
- 月桂樹の葉 2 枚
- チリパウダー 小さじ 1
- カレー粉 小さじ 1/2
- オールスパイス 小さじ 1/4
- 脱脂した低ナトリウムチキンスープ 4 1/2 カップ
- 挽きたての黒胡椒 小さじ 1/8
- 1 1/4 ポンドの皮なし鶏胸肉半分、骨付き
- 白米、乾燥量 1/4 カップ
- 14 1/2 オンスの黒豆、調理し、洗い、水を切ります

説明書

a)　　大きな鍋に油、セロリ、赤または緑のピーマン、玉ねぎを入れて混ぜます。

b)　　強火でよくかき混ぜながら野菜を 5 分間調理します。

c)　　スープをかき混ぜながら、水、月桂樹の葉、チリパウダー、カレー粉、タイム、オールスパイス、黒コショウを加えます。

d)　　鶏肉を加えたら沸騰させます。

e)   25 分間、または鶏肉が完全に火が通るまで煮ます。定期的にかき混ぜてください。

f)   鶏肉が十分に冷めたら、脇に置きます。

g)   鶏肉は骨を取り除いた後、一口大に切ります。

h)   鍋に豆と米を加えます。

i)   15 分間、または米がちょうど柔らかくなるまで調理します。

j)   鶏肉を鍋に戻し、5 分ほど煮ます。

k)   月桂樹の葉は捨てます。

l)   無脂肪ヨーグルトと刻んだ赤ピーマンをトッピングしてお召し上がりください。

100. 黒豆入りチキン

出来上がり量: 6 人分

材料

- 焦げ付き防止クッキングスプレー
- 塩　小さじ 1/4
- ニンニク　2 片（みじん切り）
- チキンスープ　1 カップ
- 8 オンスのトマトソース
- コショウ　小さじ 1/4
- シナモン　小さじ 1/2
- クローブ（粉末）　小さじ 1/4
- 皮なし鶏胸肉　1 ポンド
- バター　小さじ 2
- 玉ねぎ　1 個
- ライトラム　1/4 カップ
- 種を取り、さいの目切りにしたピーマン　1 個
- 塩　小さじ 1/4
- ダッシュカイエンペッパー
- 16 オンスの黒豆（水切り）

説明書

a) ノンスティッククッキングスプレーをフライパンにスプレーします。

b) 鶏肉に塩とコショウをし、フライパンで中火で 8〜10 分間、または部分が茶色になり始めるまで炒めます。

c) 冷めてから薄くスライスします。脇に置いておきましょう。

d) 同じフライパンにマーガリンを溶かします。

e) 玉ねぎとニンニクを加えます。

f) フライパンにスープ大さじ 2 を注ぎます。

g) 玉ねぎを 5〜6 分間、頻繁にかき混ぜながら、または柔らかくなるまで調理します。

h) フライパンにトマトソース、残りのだし汁、ラム酒を加えます。

i) 取っておいた調味料、ピーマン、鶏肉を加えます。沸騰させます。

j) 鍋の蓋をし、15 分間、または鶏肉に火が通って液体が濃くなるまで煮ます。

k) 豆を加えてさらに 2〜3 分加熱します。

l) ご飯と一緒にお召し上がりください。

結論

シチューは何世紀にもわたって楽しまれてきた古典的な心安らぐ食べ物であり、今でも多くの人に愛されています。濃厚で風味豊かなスープと柔らかい肉や野菜を組み合わせると、ボリュームたっぷりで満足のいく究極の食事になります。無数のバリエーションとカスタマイズ方法があるシチューは、誰もが楽しめる料理です。肉好きでもベジタリアンでも、濃厚でボリュームたっぷりのシチューを好む人でも、軽いスープを好む人でも、あなたに合ったシチューのレシピが見つかります。それで、シチューをたくさん作ってみて、この愛されている料理が時の試練に耐え続けている理由を発見してみてはいかがでしょうか。

Milton Keynes UK
Ingram Content Group UK Ltd.
UKHW020624021023
429777UK00014B/702